Jeanne Meijs

Problemkindern helfen

Jeanne Meijs

Problemkindern helfen

durch Spielen,
Malen und Erzählen

*Ein Ratgeber für Eltern
und Erzieher*

Urachhaus

Aus dem Niederländischen von Griet Hellinckx
Die niederländische Originalausgabe erschien unter dem Titel:
»De diepste kloof. Spel en verhaal als hulp voor kinderen met
problemen« bei Uitgeverij Christofoor, Zeist 1993.

Die Deutsche Bibliothek – Cip-Einheitsaufnahme
Meijs, Jeanne:
Problemkindern helfen durch Spielen, Malen und Erzählen.
Ein Ratgeber für Eltern und Erzieher
Jeanne Meijs.-
(Aus dem Niederländischen von Griet Hellinckx).-
Stuttgart: Urachhaus, 1996.

ISBN 3-8251-7066-7

Umschlag: Bruno Schachtner, Dachau
Druck: WB-Druck, Rieden

Inhalt

Teil II
Therapie als Hilfe

Teil III
Märchen für unsere Zeit

Vorwort

Wenn wir Schmerzen haben, werden wir uns unseres Körpers bewußt. Erfahren wir Leid und Trauer, so werden wir uns unserer Seele bewußt. Nun gibt es Kinder, die eine »schmerzende« Seele haben und deshalb in ihrer Entwicklung gestört sind. Durch meine Arbeit mit ihnen habe ich erfahren, daß sie unsere wahren Lehrmeister sind und unser Bewußtsein erweitern können. Sie machen uns deutlich, was im Leben jedes Menschen wichtig ist und was von uns erwartet werden kann. Ihr inneres Leben hat mich eine tiefe Achtung vor ihrem unermüdlichen Streben nach Selbstentfaltung entwickeln lassen.

Meine Erfahrungen und Erkenntnisse aus der Praxis habe ich im vorliegenden Buch formuliert. Sie mögen für Eltern, Lehrer, Großeltern, Sozialarbeiter, Therapeuten und alle, die mit der Erziehung von Kindern zu tun haben, eine Hilfe sein. Für die Einsichten, die ich gewinnen konnte, war mir die Anthroposophie eine reiche Inspirationsquelle. Mit ihrer Hilfe konnte ich bei Kindern mit unterschiedlichsten Problemen nicht einfach nur die Symptome lindern, sondern auch deren Ursachen angehen.

Dieses Buch möchte Lösungen bieten, und es möchte dazu anregen, in der Kindererziehung auch vorbeugend tätig zu werden. Treten Probleme auf, ist es außerordentlich wichtig, daß der Erzieher nicht in Schuldgefühlen steckenbleibt, sondern versucht, weiterhin für, durch und mit den Kindern zu suchen und zu wachsen.

Da ich auch die Weiterentwicklung der Erzieher für sehr wichtig halte, habe ich im dritten Teil des Buches einige »Wachstumsgeschichten« aufgenommen. Man könnte sie »moderne Märchen« nennen. Sie sind für Erwachsene und

Kinder ab etwa 10 Jahre geschrieben. Jeder Geschichte liegt ein Entwicklungsthema zugrunde. Es kann ein Thema sein, das mit der Pubertät zusammenhängt, es kann mit der Lebensmitte zu tun haben oder Aufgaben betreffen, die unsere Zeit dem Individuum oder einer sozialen Gemeinschaft stellt.

Somit bieten der erste und ebenso der zweite Teil Nahrung, die vom Kopf zum Herzen wandern kann, und der dritte Teil bietet solche Nahrung, die vom Herzen zum Verstand geht.

Den Mut, dieses Buch zu schreiben, verdanke ich den vielen Menschen, die mir mit Anerkennung und konstruktiver Kritik geholfen haben und die die praktische Ausführung ermöglicht haben.

Jeanne Meijs

Teil I

Das Kind im Bild
und seine Bildersprache

Kinder mit Problemen

Die Erziehung unserer Kindern ist eine der intensivsten und liebevollsten Aufgaben, die wir als Erwachsene auf uns nehmen können. Das Leben kann mit Freude und Sinn erfüllt werden, wenn man das Wunder der Geburt und des Heranwachsens eines neuen Menschenkindes miterleben darf.

Das ist die eine Seite der Medaille. Die andere ist die, daß Erziehung die Eltern oft aufs äußerste fordert. Außerdem ist Erziehung eine Aufgabe, für die man nicht wirklich ausgebildet wird. Man kann sich auf die Anforderungen vorbereiten. Man wird auch durch eigene Erfahrungen und die anderer sehr viel lernen, selten aber wird man, wenn die Kinder aus dem Haus sind, alles, was in der Erziehung geschehen ist, im nachhinein hundertprozentig gutheißen. Immer kommt man später zu neuen und anderen Erkenntnissen, und oft wird man sich sagen: »Heute würde ich es ganz anders angehen!«

Erziehen ist ein Lernprozeß, bei dem man immer wieder hinfällt und aufsteht, ein Lernprozeß, der nie abgeschlossen ist. Kinder werden erwachsen, aber sowohl die Eltern als auch die Kinder beschäftigen sich gefühlsmäßig und gedanklich oft noch lang mit den gemeinsamen Erfahrungen während der Erziehung.

Erziehung nimmt den ganzen Menschen im Beschlag. Kein einziger Aspekt der eigenen Gefühle und Gedanken bleibt unberührt. Während die Kinder heranwachsen und sich entwickeln, wird man fortwährend mit dem eigenen Menschsein, mit den eigenen Möglichkeiten und Unzulänglichkeiten konfrontiert. Niemand hat sich auf allen Lebensgebieten harmonisch und vollständig entwickelt. In den Bereichen, in denen wir selbst noch lernen oder lernen sollten, können wir noch keine perfekten Antworten auf die Fragen unseres Kindes haben. Und schmerzhaft erleben wir unsere eigene Unvollkommenheit, die sich im Umgang mit dem Kind äußert: Von manchem hat man überhaupt keine Ahnung, manches schafft man (noch) nicht, und manchmal möchte man einfach das, was verlangt wird, gar nicht leisten.

Als Erzieher bleibt man sich immer der eigenen Mittelmäßigkeit bewußt. Egal wie begabt wir in Beruf, Studium oder Sport sind, beim Erziehen sind wir alle gewöhnliche Menschen.

Manche Kinder brauchen mehr Aufmerksamkeit als andere. Dies kann eine Folge von körperlicher Krankheit oder von seelischen Schwächen sein. Physisch, emotional und geistig verlangen sie von Anfang an oder im Laufe der Jahre viel mehr, als die Eltern je erwartet hätten.

Bei anderen Kindern läuft irgendwann mit der körperlichen oder seelischen Entwicklung etwas schief, und man muß dann darauf reagieren und damit umgehen lernen.

Aber auch vor, während oder kurz nach der Geburt kann etwas Unvorhergesehenes passieren. Vielleicht geht es auf die Eltern zurück, vielleicht auf die Hebamme, oder aber auf den aggressiven Nachbarsjungen. In jedem Fall sind diese Kinder irgendwann verletzt worden, und ihre Wunden heilen nicht sofort. Dann entstehen Probleme, und Kinder und Eltern suchen nach einer passenden Antwort.

In einigen Fällen werden die Probleme so groß, daß man sie allein nicht mehr meistern kann. Dann ist es völlig berechtigt, daß man Hilfe sucht und sich an andere Erzieher oder Lehrer wendet. Vielleicht wissen sie eine Lösung für die Schwierigkeiten.

Wenn aber auch die Menschen aus dem unmittelbaren Umfeld keinen Rat mehr wissen, ist es sinnvoll, daß die Eltern jemanden, der gezielt seine pädagogischen Fähigkeiten geschult hat, aufsuchen. Es kann sehr wohl eine Lösung sein, das Kind einem Therapeuten anzuvertrauen, damit es Antworten auf seine Fragen bekommt und die Eltern mit den Problemen ihres Kindes umgehen lernen.

Vorurteile

Oft stoßen Eltern, die mit ihren Kindern Schwierigkeiten haben, auf Vorurteile. Eines der hartnäckigsten ist folgendes: »Eltern sollen Probleme mit ihren Kindern selbst lösen. Wenn sie andere brauchen, haben sie versagt.« Dieses Vorurteil basiert auf der unausgesprochenen Vorstellung, daß Eltern, die keine Schwierigkeiten mit ihren Kindern haben, erfolgreiche Eltern sind!

Oft stößt man auch auf folgendes Urteil: »Wer sein Kind in Therapie gibt, macht es sich leicht und ist sozusagen ein Deserteur.«

Dazu ist folgendes zu sagen: Es gibt keine erfolgreichen und keine gescheiterten Eltern. Um solch eine Aussage machen zu können, müßte man die Voraussetzungen der Elternschaft vergleichen können. Wie soll das gehen, wo doch jedes Kind und jede Beziehung anders ist? Wie sollte man also beurteilen können, ob jemand erfolgreich ist oder versagt hat? Auch werden die Resultate gar nicht sofort sichtbar. Erst am Ende des Lebens könnte man einen Menschen – einen sehr bewußt lebenden Menschen – fragen, ob die Erziehung, die er erhielt, ihn auf das Leben vorbereitet hat oder ob sie eher ein Hindernis war. Doch letztlich kann man auch nicht wissen, ob nicht gerade dieses Hindernis nötig war!

Es ist auffällig, daß Erwachsene die Ursachen ihrer eigenen Probleme oft auf ihre Eltern schieben, doch selten bringen sie ihre glücklichen Zeiten und ihre Stärken mit den eigenen Eltern in Zusammenhang.

Auf jeden Fall sind die genannten Vorurteile stark anfechtbar. Die Angst, die viele Eltern in bezug auf Erziehung haben, hat mit der Hartnäckigkeit, mit der sich diese Vorurteile halten, zu tun. Und da zeugt es eher von Mut und Aufmerksamkeit, wenn Eltern die Problematik ihres Kindes so ernst nehmen, daß sie sich für eine Therapie entscheiden. Es zeigt, daß diese Eltern suchen und an der Thematik arbeiten.

Wenn Eltern keine Schwierigkeiten mit ihren Kindern haben, ist das etwas Wunderbares, für das sie dankbar sein sollten: dankbar der eigenen Kindheit gegenüber, wenn sie gut war und eine Basis darstellt; dankbar dem Kind gegenüber, weil solch ein Kind oft ein wirkliches Geschenk ist, das seiner Umgebung Freude macht und das nicht für die Fehler seiner Umgebung anfällig ist. Manchmal haben Eltern im wörtlichen Sinne Glück gehabt.

Doch verbergen sich hinter der Aussage, man habe keine Probleme, manchmal auch einige Schwierigkeiten. Sie werden nicht gesehen oder werden verdrängt. Ob das die richtige Haltung ist, darf bezweifelt werden.

Wer ein Kind in eine Therapie bringt, macht es sich sicherlich nicht leicht. Es kostet Zeit und Geld und oft auch Mühe und Schmerzen. Die Eltern müssen offen sein und werden dabei mit ihren eigenen Empfindlichkeiten, denen des Partners oder der Familie konfrontiert. Und schließlich muß man sich auch dessen bewußt sein, daß man die Situation selbst bewältigen muß. Die Therapie ist nur eine Brücke, die zeitweise hilft. Danach muß allein weitergemacht werden. Aufs Ganze gesehen ist es das Gegenteil von Flucht oder Aufgabe. Es erfordert Mut, die Probleme zu sehen und sich an eine dritte Person zu wenden.

In den vergangenen Jahren habe ich oft mit Erstaunen feststellen können, daß die Kinder, die mit schweren Schicksalsanforderungen auf die Welt gekommen sind, sich oft sehr feine Eltern ausgewählt haben. Sie leben in Familien, von denen man denkt: »Bei solchen netten, warmherzigen und aufrichtigen Eltern hat man es als Kind richtig schön.« Wie auch immer, Vorurteile verstellen den klaren Blick auf die

15

Probleme und belasten Eltern oft mit schweren Schuldgefühlen. Das ist eine schlechte Basis für einen Veränderungsprozeß. Es ist besser, die Karten aufzudecken, so daß nach Lösungen gesucht werden kann, und zwar im Wissen darum, daß man das Erziehen nur durch das Erziehen lernen kann! Alles, was ich über Eltern gesagt habe, gilt auch für Lehrer. Auch sie können Schwierigkeiten haben, mit denen sie allein nicht mehr fertig werden. Auch sie können um Hilfe bitten, und auch sie müssen sich mit Vorurteilen auseinandersetzen. Sie sind keineswegs perfekt, lernen aber durch das Tun. Und jedes Kind ist anders …

Vier Wesensglieder des Menschen

Bei meiner Arbeit berücksichtige ich die folgenden vier Wesensglieder des Menschen, die von Rudolf Steiner am Anfang dieses Jahrhunderts beschrieben wurden: das Ich, den Astralleib, den Ätherleib und den physischen Leib.
Der *physische Leib* ist der Körper, wie wir ihn kennen: Wir können ihn sehen und fühlen. Er ist der Träger unseres Lebens, zumindest auf dieser Erde. Die Wesen der anderen drei Naturreiche (der Tier-, Pflanzen- und Mineralwelt) verfügen ebenfalls über einen physischen Leib. Alle Steine, Pflanzen und Tiere haben einen physischen Leib, den man mit einem oder mehreren unserer Sinnesorgane wahrnehmen kann, in jedem Fall mit den Augen.
Der *Ätherleib* ist weniger faßbar. Er durchdringt den physischen Leib und ist etwa von gleicher Größe. Der Lebensleib oder Bildekräfteleib, wie er auch genannt wird, ist eine strömende und in Bewegung befindliche Kraft, die den physischen Leib durchwaltet. Obwohl wir ihn nicht sehen können, merken wir schnell, wenn er nicht richtig funktioniert. Wir werden dann müde oder krank, und wenn er stark geschwächt ist, sterben wir.

Der physische Leib kann ohne die strömenden Kräfte des Ätherleibes nicht existieren. Begegnen uns zwei gleichaltrige, gesunde Menschen, so kann es sein, daß wir mit Erstaunen feststellen, über wie viele Lebenskräfte der eine und über wie wenige der andere verfügt. Manch einer ist nie müde und hat immer genügend Energie, ein anderer muß stets mit seinen schwachen Kräften schonend umgehen. Bei diesen beiden Menschen ist also der Ätherleib sehr verschieden. Vielleicht haben sie von Kindheit an ganz verschiedene Ätherleiber gehabt, oder aber sie haben jeweils ganz anders mit ihren Lebenskräften hausgehalten.

Auch Pflanzen und Tiere haben einen Ätherleib. Nur Steine haben allein einen physischen Leib; Menschen, Tiere und Pflanzen verfügen außerdem über einen Ätherleib. Während des zweiten Lebensjahrsiebts, also im Alter von 7 bis 14 Jahren, »arbeitet« der Mensch an seinem Ätherleib, der, in der Sprache der Anthroposophie, im Alter von sieben Jahren »geboren« wird.

Der *Astralleib* ist der Träger unseres Seelenlebens. Unsere Emotionen, unsere Sympathien, unsere Antipathien, unsere Triebe und Sehnsüchte gehen alle von unserem Astralleib aus. So wenig wir den Ätherleib sehen können, so wenig können wir den Astralleib sehen. Aber wir erleben ihn recht intensiv: Wir erleben das starke Temperament des einen, bei dem das Gefühlsleben zwischen »himmelhoch jauchzend« und »zu Tode betrübt« schwankt, und das gleichmäßige, eher regungslose Seelenleben des anderen.

Wer einmal einen Menschen gesehen hat, der durch einen Schock gefühllos wurde, hat eine Ahnung davon, was es bedeutet, wenn sich der Astralleib in seiner Vielfalt nicht mehr richtig um und in dem Menschen bewegen kann.

Der Astralleib ist weniger an die Grenzen des physischen Leibes gebunden. Er durchdringt den Ätherleib und den physischen Leib, strahlt aber auch noch weit über diese hinaus.

Pflanzen und Steine haben keinen Astralleib, Tiere dagegen haben diesen Leib mit den Menschen gemein. Während des dritten Jahrsiebts, also im Alter von 14 bis 21 Jahren, »arbeitet« der Mensch an seinem Astralleib, der um das 14. Jahr herum »geboren« wird.

Über ein *Ich* verfügt nur der Mensch, er allein ist als individuelles Wesen veranlagt. In dem Ich eines Menschen spiegelt sich sein Geistiges, das schon vor der Geburt existierte und das nach dem Tod seinen Weg fortsetzt. Es ist der ewige Funke, der in jedem Menschen einen alles durchdringenden Einfluß ausübt, so daß er auf dieser Erde dasjenige, was er tun will und muß, auch leisten kann.

Das Ich kann nur vom Ich eines anderen Menschen wahrgenommen werden. Es wirkt auf die anderen Wesensglieder organisierend und gestaltend ein. Wenn das Ich sich nicht mehr richtig mit dem Menschen verbinden kann, verliert der Mensch seine Individualität. Im Umgang mit älteren Menschen, die dem Tod nahe sind, zeigt sich, was das heißt: Man spricht von Dementia, Apathie, Geistesschwäche oder auch von Schwachsinn. Ihr Ich kann sich in Todesnähe schon zum Teil zurückgezogen haben.

Das Ich wird erst im vierten Jahrsiebt vollständig »geboren«. Kindern stehen die vier Wesensglieder, physischer Leib, Ätherleib, Astralleib und Ich, noch nicht ganz zur Verfügung. Erst der Erwachsene hat sie vollständig ausgebildet. Die Geburt eines Kindes kann mit dem Baubeginn eines Hauses verglichen werden. Wenn das Baby in der Wiege liegt, ist das erst der Grundstein des eigenen Hauses. Obwohl das Haus schon vorher bewohnbar ist, dauert es bis zum 28. Lebensjahr, bis die genannten Wesensglieder ausgebildet sind. Der größte Teil des Bauvorhabens findet unter der Obhut der Eltern statt, die sehr direkt und sehr intensiv beteiligt sind.

Das Heranwachsen – ein Bauprozeß

Über das, was Kinder beim Heranwachsen brauchen, wurde schon viel veröffentlicht. Ich werde später noch genauer darauf eingehen und das, was ich die Sorgefunktionen der Eltern nenne, beschreiben. Zunächst aber genügt es, darauf hinzuweisen, daß es sich bei dem Aufbau des physischen und ätherischen Leibes hauptsächlich darum handelt, dem Heranwachsenden Nahrung, Kleidung, Wohnraum und eine Umgebung mit gesunder Natur zu sichern.

Beim Aufbau des Astralleibes helfen vor allem Ruhe, Rhythmus, Atmosphäre, Aufmerksamkeit, Wärme und Vertrauen. Das Ich braucht Freiheit, Liebe und Anerkennung.

Oft sind wir der Meinung, daß unsere Gesellschaft heute für die gesunde Entwicklung eines Kindes nicht mehr wirklich geeignet ist. Was z. B. Ruhe und Rhythmus betrifft, sind die Lebensbedingungen tatsächlich schlechter als früher. Hier sind auch die Ursachen vieler Probleme zu suchen. Allerdings ist damit nicht alles erklärt. Kinder brauchen heute immer dringender ein wirklich passendes leibliches »Instrument«. Sie brauchen Wesensglieder, die ihrem Geist, ihrer Individualität entsprechen.

In unserer Zeit können wir mehr als je zuvor selbst Entscheidungen treffen. Nachdem unsere Grundbedürfnisse befriedigt sind, bleibt noch immer Zeit, Energie und Geld übrig, womit wir als freie Menschen, als Individuen umgehen können. Kinder haben die Möglichkeit, ganz verschiedene Lebensweisen zu entwickeln, sowohl in inhaltlicher wie in formaler Hinsicht. Das wollen sie auch, aber das bedeutet zugleich, daß die Anforderungen, die an ihre Wesensglieder gestellt werden, viel weitreichender sind. Diese Kinder wollen, um im Bild zu bleiben, kein Reihenhaus bauen, sondern ein sehr individuell geprägtes Haus, das in Maßarbeit gefertigt ist.

Das Leben wird hierdurch für diese Kinder nicht gerade einfacher: Einerseits streben sie nach einer harmonischen Entwicklung in einer nicht gerade harmonischen Gesellschaft, anderseits brauchen ihre Wesensglieder immer mehr Maßarbeit.

Wenn während der Ausbildung der vier Wesensglieder irgend etwas fehlgeht, dann gibt das Kind Signale. Mit diesen Signalen bringt es zum Ausdruck, daß es sich nicht richtig inkarnieren kann, daß der Bau seines Hauses nicht so verläuft, wie er sollte.

Diese Signale oder Symptome nennen wir »Probleme«, und Eltern reagieren darauf. Oft wissen Eltern genau, wie sie sich verhalten sollen, manchmal erahnen sie es einfach instinktiv. Der Bau wird genau angeschaut, und wo es notwendig ist, werden Korrekturen angebracht.

Wenn alles gut geht, verschwinden die Symptome. Aber wenn die Abweichung von dem Bauplan sehr groß ist oder wenn die Umgebung des Kindes die Signale nicht versteht, nehmen die Probleme zu. Oft wird dann nach Lösungen gesucht, die die Symptome verschwinden lassen, weil man denkt, sie seien das Problem. Man glaubt, wenn das Kind sein störendes Verhalten einstellt und nicht mehr so sehr die Aufmerksamkeit seiner Umgebung beansprucht, seien seine Probleme gelöst.

Wenn es gelingt, das Verhalten des Kindes mit einer oberflächlichen Behandlung zu ändern, dann verschiebt sich das Signal oft unbemerkt und tritt woanders wieder auf. Ein Beispiel: Aus innerer Unruhe bricht ein Kind immer wieder in heftige Wutanfälle aus, mit denen keiner umgehen kann. Durch eine Therapie wird das Kind ruhiger, und der Jähzorn nimmt ab. Die Behandlung gilt als gelungen, und alle sind froh. Kurz darauf zeigen sich allerdings neue Symptome, weil die Ursache der Wutanfälle nicht beseitigt wurde. Jetzt hat das Kind Alpträume und traut sich nicht mehr, ins Bett zu gehen. Oder es bekommt ein auffälliges Ekzem. Die Frage ist dann, ob man in diesem Fall den Zusammenhang zwischen den Alpträumen oder dem Ekzem und dem Verschwinden der Wutanfälle erkennt. Denn es ist oft nicht deutlich, daß es sich um ein neues Symptom des alten Problems handelt, das schon dem ersten Signal zugrunde lag, aber noch nicht gelöst wurde.

Vielleicht wurde das Kind zu früh einer starken intellektuellen Anforderung ausgesetzt, wodurch der Lebensleib »verhärtete« oder »vertrocknete«. Vielleicht ist das Kind außerhalb des Hauses und der Familie so schüchtern, daß sich der Astralleib »verkrampft«, und jetzt versucht es zu Hause durch Aggression und Wut eine Art Explosion auszulösen, durch die es sich emotional entladen kann.

Zusammenfassend kann man sagen, daß es für den Bauprozeß der Kinder, d. h. für ihre Entwicklung wichtig ist, daß sie Erzieher haben, die sich trauen, nach den Ursachen der Probleme zu suchen, die die Signale der Kinder nicht zu dämpfen suchen, sondern sie ernst nehmen. Dann ist ein Erzieher ein echter Helfer, ein echter Begleiter in der Not. Probleme werden dann nicht nur gelöst, weil sie für die Umgebung lästig sind, sondern weil ihre Signale verstanden wurden und beantwortet werden sollen.

Wann verläuft der Bauprozeß ideal?

Dies ist eine der gefährlichsten Fragen, die gestellt werden können. Auf der Suche nach der Antwort auf diese Frage werden Menschen leicht zu fanatischen Anhängern der einen oder anderen Meinung oder Theorie. Und Fanatismus macht blind, auch in der Erziehung.

Die Frage ist auch deshalb gefährlich, weil die Antwort Schuldgefühle wecken kann. Abgesehen von der lähmenden Wirkung, die Schuldgefühle auslösen, hält die Angst vor Schuldgefühlen manch einen von einem deutlichen und konsequenten Ansatz ab.

Erzieher, die immer nur das Beste tun und denken wollen, werden früher oder später mit Schuldgefühlen oder Angst konfrontiert. Realistischer hingegen ist das stete Streben nach dem Bestmöglichen. Es entspricht dem mühevollen, erzieherischen Prozeß des Fallens und Aufstehens.

Dennoch kann man den idealen Verlauf des Bauprozesses grob skizzieren.

Jedes Kind bringt ein eigenes Ich mit. Seine Individualität versucht, die anderen Wesensglieder so zu prägen und zu gestalten, daß sie zu dem einmaligen Ich passen, das sich auf der Erde inkarniert. Nur damit kann es seinem einmaligen Auftrag entsprechen, mit dem es in dieses Erdenleben getreten ist.

Das Ich spinnt zusammen mit anderen einen eigenen roten Faden. Die ideale Situation ist die, daß der Mensch um das 28. Jahr herum über einen Astral-, Äther- und physischen Leib verfügt, der jeweils zu seinem Ich paßt. Das vollendete Haus entspricht dann den Anforderungen des Bewohners. Ein sinnvolles Leben kann sich entfalten.

Nur wissen wir nicht im vorhinein, was für ein Leben sich das Kind gestalten will, welche Schwächen es bewältigen will, für welche Ideale es kämpfen will, welche Gebiete es erobern will etc. Es könnte sein, daß das Kind für sein Lebensvorhaben gerade einen nicht sehr starken physischen Leib braucht und einen Astralleib, der etwas verhärtet ist, und einen Ätherleib, der nicht so eng an den physischen Leib gebunden ist. Gerade auf dieser Grundlage wird es sich später im Leben in einer ganz bestimmten Art entwickeln müssen.

Da wir nie wissen, was für ein Kind »ideal« ist, können wir auch keinen allgemeinen Idealfall formulieren. Das Allerwichtigste ist daher, daß wir lauschend erziehen und pflegen. Horchend auf das sich inkarnierende Ich, weil wir dann die tieferen Absichten des Weges, den das Kind geht und sucht, erahnen.

Im folgenden Kapitel werde ich einige der Möglichkeiten erläutern, uns tiefer mit dem Ich des Kindes, mit dem Geist, der versucht, ein passendes Haus zu bauen, zu verbinden. Da dieser große Baumeister in dem Kinde noch ungeboren ist, ist das keine einfache Aufgabe! Es ist wie die Suche nach einem unbekannten Reisenden, dem man noch nie begegnet ist und dem man dennoch helfen will, das Ziel seiner Reise zu erreichen.

Wie können wir eine Verbindung zu dem ungeborenen Ich eines Kindes (oder eines Jugendlichen oder eines Erwachsenen) herstellen? – Und die wichtigste Frage: Wie können wir das Ich begleiten?

Über diesen wichtigen Prozeß des Begleitens kann viel gesagt werden, es ist das Kernstück, das Herz jeglicher Erziehung.

Phasen der Ich-Geburt

Die Pädagogik unterscheidet deutlich erkennbare Ich-Phasen. Es gibt die sogenannte Nein-Phase im Alter von zweieinhalb Jahren, wenn das Kind zum ersten Mal gegenüber anderen Stellung bezieht und anfängt, »Ich« an Stelle des eigenen Rufnamens zu sagen. Der Zahnwechsel mit sieben Jahren und die berüchtigte Autoritätskrise um das 9. Lebensjahr herum sind typische Ich-Phasen, die bei allen Kindern, die sich normal entwickeln, gleichermaßen beobachtet werden können.

Während dieser Ich-Phasen wird das Ich, die Individualität des Kindes, allmählich geboren. Dies kann mit einem physischen Geburtsprozeß verglichen werden. Das Kind wird gewissermaßen aus der geistigen Wirklichkeit heraus in die irdische Inkarnation hineingetrieben. Wie die physische Geburt kann diese Austreibung auch von »Wehen« begleitet werden. Jede Geburtswehe ist schmerzhaft, aber notwendig, um das Geistwesen auf der Erde ankommen zu lassen. Die Ich-Phasen sind die Wehen beim Geburtsprozeß des Geistes.

Es ist sinnvoll, diese allgemeingültigen Ich-Phasen zu kennen; aber es ist noch wichtiger, auf die ganz individuellen »Ich-Momente« zu achten. Sie kennzeichnen den persönlichen Weg des sich inkarnierenden Geistes. Sie können nicht durch die Lektüre von Büchern über Ich-Phasen erkannt werden, sondern nur durch die aufmerksame Beobachtung eines liebevollen Erziehers. Auch diese individuellen Ich-Momente sind Geburtswehen und lassen uns das individuell strebende Ich wahrnehmen.

Hier ein Beispiel eines solchen Ich-Momentes: Ein Kind ist sehr willig, fügt sich jedem Wunsch seiner Freunde und verhält sich passiv und abwartend. In solch einem Fall ist es wichtig, den Moment wahrzunehmen, in dem das Kind zum ersten Mal sagt: »Jetzt bin ich dran! Jetzt spielen wir das, was ich erfinde und was ich will!«

Ein anderes Beispiel: Ein Kind kann »mein« und »dein« nicht immer richtig unterscheiden. Es fällt ihm schwer, sich selbst einzuschätzen. Wenn dieses Kind dann irgendwann einmal zu seinem Erzieher kommt und selbst gesteht, daß es etwas weggenommen hat, dann zeigt sich in dieser Äußerung ein Durchbruch des Ich. Wie das Köpfchen des Säuglings kurz vor der Geburt sichtbar wird, wird in solch einem Moment das Ich des Kindes erkennbar.

Auch auf der physischen Ebene ist es möglich, Ich-Momente wahrzunehmen. Wenn Kinder in einer Phase sind, in der sie auffällig stark in die Höhe wachsen, dann wächst das Ich gewissermaßen tiefer in den Körper hinein. Das Kind will sich mit dem Leben verbinden.

24

Das Rückgrat des Menschen ist in dieser Hinsicht ebenfalls ein Indikator: So geht das Kind vielleicht sehr weit vorgebeugt oder zu sehr nach hinten gelehnt, oder es senkt sich tief zur Erde oder strebt von der Erde weg.

Diese vielen kleinen und großen Begegnungen, die der aufmerksame Beobachter haben kann, lassen ihn die Arbeit des Ich kennenlernen. Er wird ein deutliches Gespür dafür entwickeln, inwieweit der Geburtsprozeß des Ich mehr oder weniger gut verläuft.

Entelechie

Dieses Kennenlernen des werdenden Ich stellt eine Verbindung mit der Entelechie des Kindes oder des Erwachsenen her.

Mit Entelechie ist das innewohnende Ziel, das Werdende, dasjenige, was zu einer sinnvollen Verwirklichung hinstrebt gemeint. Die Entelechie spielt in jedem Menschenleben eine bedeutsame Rolle. Wer in Verbindung mit der eigenen Entelechie oder der der Familie oder des Betriebes steht, fühlt sich ausgeglichen, weil er einer sinnerfüllten Lebensaufgabe entsprechend lebt. Er steht in Verbindung zu seinem geistigen Wesenskern und kann von ihm inspiriert sein Leben gestalten.

Der Begriff Entelechie hat also mit der Frage nach dem Sinn des Lebens zu tun: Warum bin ich hier? Was mache ich hier, und welche Ereignisse lassen mich einen Sinn erkennen? Es geht um den roten Faden durch das Leben. Wenn Kinder sich bei dem Austritt ihres Ich aus der geistigen Welt und ihrem gleichzeitigen Eintritt in die Erdenwelt gut entwickeln, dann kann sich ihre Entelechie, das, wohin sie sich entwickeln wollen, entfalten. Für Erwachsene ist es sehr wichtig, daß sie sich der eigenen Biographie bewußt werden, weil aus den vergangenen Ereignissen erschlossen werden kann, wie die eigene Entelechie aussieht und ob sie irgendwo auf der Strecke geblieben ist. Kinder sind in dieser Hinsicht sehr empfindlich gegenüber den Erwachsenen in ihrer Umgebung. Es ist, als könnten sie erkennen, ob die Erwachsenen nach der eigenen Entelechie suchen und an der Ausgestaltung ihrer Lebensaufgaben arbeiten oder ob sie in ihrer Entwicklung stehengeblieben sind und die fehlende Sinngebung zu verbergen suchen.

Im Umgang mit Kindern müssen Erwachsene bereit sein, die Frage nach der eigenen Entelechie zu stellen. Wer Kinder erziehen und begleiten will, wird immer zuerst diese eine Voraussetzung zu erfüllen haben: ein Mensch zu sein, der die eigene innere Entwicklung pflegt. Wenn diese Bedingung erfüllt ist, dann kann ein Erzieher einem Kind, trotz persönlicher Schwächen, sehr viel bedeuten. Ist man dagegen zwar ein ruhiger, redlicher Mensch, der aber mit dem Suchprozeß im Leben zu Ende ist, dann fühlt sich das Werdende im Kind nicht angesprochen.

Selbstentfaltung, Selbsterziehung, Erneuerung, ein Werdender sein, nichts zu Meinungen und Gewohnheiten erstarren lassen – das wird von dem Erwachsenen, der dem Kinde ein echter Begleiter sein will, verlangt. Wer jeden Tag von neuem sich um die eigene Entelechie bemüht, sich selbst dazu anhält, den roten Faden aufzunehmen, der entwickelt Augen und Ohren für das Werdende im Kind. Auch der erwachsene Mensch ringt und erfährt am eigenen Leibe den mühsamen Prozeß des Wachsens, des Stillstandes, der Fehlentwicklung und der Wandlung. Durch den Schmerz wird der Mensch sich des entstehen-wollenden Lebens, das sich (noch) nicht äußern kann, bewußt. Nur dann kann er einem anderen die helfende Hand reichen. Wenn nicht mehr auf die eigene Entelechie gehorcht wird, entsteht Taubheit und Blindheit, eine Art Unempfindlichkeit dem Werdenden des Kindes gegenüber. Signale werden nicht beachtet und nicht beantwortet. Schließlich findet man dann das Kind nur noch lästig.

Die Hilfe des Engels

Jedes Kind, das geboren wird, hat seinen eigenen geistigen Begleiter, seinen eigenen Engel. Engel sind für viele Leute Märchengestalten aus einer von Aberglauben geprägten Vergangenheit. Aber ab und zu hört man wieder von Erfahrungen, die Menschen mit Engeln machen, oder man liest darüber in irgendwelchen Büchern. Ganz vorsichtig traut sich der moderne Mensch gelegentlich wieder, demjenigen, was früher »Schutzengel« genannt wurde, einen Gedanken zu widmen.

Jedes Kind kommt aus der geistigen Welt, und bis es geboren wird, wirkt ein geistiger Begleiter direkt auf die Entwicklung des Kindes ein. Erst wenn der Mensch erwachsen ist, zieht der Engel sich etwas zurück, damit der erwachsene Mensch selbst entscheiden kann, ob er sich bewußt wieder mit seinem Lebensbegleiter verbinden will oder ob er dessen Existenz verneint. So bleibt die menschliche Freiheit gewährleistet. Eine heftige Sehnsucht und ein tiefer Schmerz werden allerdings dem Engel zuteil, der nicht an dem Werdegang seines Schützlings teilhaben kann, weil dieser ihn nicht anerkennt. Es ist der gleiche Schmerz, den der Erzieher empfindet, wenn ein Kind, das in Not ist, den Kontakt abbricht und sich isoliert.

Solange ein Mensch Kind ist, teilt sich das ungeborene Ich die Arbeit an der Entwicklung der vier Wesensglieder mit seinem Schutzengel. Dieser Engel hat es sich zur Aufgabe gemacht, dieses Kind aus der geistigen Welt auf die Erde zu begleiten, und zwar so wie es zu dem einmaligen Wesen dieses Kindes, zu seinem individuellen Ich paßt. Der Geist des Kindes hat sich sinnvolle Ziele und Absichten für das Leben gesteckt. Diese Einsichten bleiben in dem Ich des Kindes lebendig und bergen in sich die Antwort auf die Frage nach dem Lebenssinn. Eine Frage, die sich jeder Mensch irgendwann stellen muß.

Eltern fragen oft, wie sie sich mit diesem Engel verbinden können. Eigentlich gibt es diese Verbindung schon lange vor der Geburt. Unsichtbar wirkt dieser Begleiter schon vor der Geburt auf die Eltern ein, und durch die Liebe zu dem ungeborenen Kind wird schon ein starkes Band geknüpft.

Menschen, die sich voller Liebe und Fürsorge um ihr Kind kümmern, sind immer schon mit dem Engel verbunden. Der große Unterschied ist der, daß der eine sich dessen bewußt ist und dadurch eine Unterstützung empfindet, der andere hingegen nichts ahnt und somit manchmal, wenn die Erziehung zu sehr lastet, geradezu verzweifelt.

Eine direkte Erfahrung der Anwesenheit des Engels wird oft in Gefahrensituationen gemacht. Auch wenn man sich abends noch einmal über das schlafende Kind beugt, kann man manchmal dieses Wesen spüren. Plötzlich kann ein solch starkes Gefühl des Vertrauens und der Ruhe um das Kind schweben, daß alle kleinen Sorgen sich in ein starkes Gefühl von Geborgenheit verwandeln. Dann hat man den Einfluß des Engels erlebt, und man kann dankbar und mit frischem Mut am nächsten Tag den Faden wieder aufnehmen.

Jede innerlich bewegte Frage, die das Wohlergehen des Kindes betrifft, kann dem Engel vorgelegt werden. Die Antwort auf die Frage kleidet sich oft in einen unerwarteten Einfall, der überraschend klar und richtig ist.

Zusammenfassend kann gesagt werden, daß es für die Erziehung und die besondere Hilfe für Kinder mit Problemen wichtig ist, daß man sich mit dem noch nicht ganz inkarnierten Ich des Kindes verbindet.

Diese Verbindung kann auf verschiedenen Ebenen gesucht werden: in den allgemeinen Entwicklungsphasen des Kindes, insbesondere in den Ich-Phasen und den sich dem genauen Beobachter erschließenden Ich-Momenten, im physischen Wachstum, in der Arbeit an der eigenen Entelechie und in der bewußten Verbindung zum Schutzengel des Kindes.

Der Bau des eigenen Hauses

Der Bau des physischen Leibes, des Ätherleibes und des Astralleibes

Zu Beginn habe ich die Bildung der verschiedenen Wesensglieder mit dem Bau eines Hauses verglichen.

Daß ein Kind an seinem Haus baut, können wir von dem Moment an wahrnehmen, da es in seiner Wiege liegt. In diesem frühen Stadium, nachdem sozusagen der Rohbau steht, müssen wesentliche Aspekte noch entwickelt werden. Dem ist vergleichbar, daß in einem Neubau noch die Heizkörper angebracht und die elektrischen Leitungen verlegt werden müssen. In dem Haus, welches das Kind sich baut, soll es hell und warm werden können, danach muß es so eingerichtet werden, daß es gemütlich und wohnlich ist. Gewöhnlich wird ein neues Haus erst bezogen, wenn die nötigen Vorarbeiten abgeschlossen sind. Bis zu diesem Zeitpunkt stattet der zukünftige Bewohner seinem Neubau lediglich regelmäßige Besuche ab. Er versucht sich damit zu verbinden und bereitet sich darauf vor, seine künftige Behausung zu bewohnen und in Gebrauch zu nehmen.

Auf dieselbe Weise nimmt das Geistwesen eines Kindes immer mehr Verbindung mit diesem neuen Leben auf, indem es den physischen Leib, den Ätherleib und den Astralleib gestaltet. Sie bilden zusammen das eigene Haus des Kindes.

Während dieser empfindlichen Zeit, in der das Kind nach seiner Geburt in die Welt hineinwächst, kann leider auch viel geschehen, was die Bewohnbarkeit des Hauses für den späteren Bewohner beeinträchtigt.

Wir wollen zuerst die *physisch-ätherische* Entwicklung betrachten. Im allgemeinen wissen wir alle, daß ein Kind gesunde Nahrung und eine Umgebung, in der es genügend Ruhe und Schlaf bekommt, braucht. Die physische Umgebung muß sicher sein. Im Winter soll geheizt werden und so weiter.

Passieren kleine Unfälle oder wird das Kind krank, so wird neben der elterlichen Fürsorge oft die Hilfe eines Arztes hinzugezogen. Manche Kinder mit ernsten körperlichen Beschwerden können mit Erfolg behandelt werden, anderen ist auf medizinischem Gebiet nicht zu helfen. Bei ihnen stellen sich chronische Krankheiten ein, oder sie fallen andauernd hin und müssen unzählige Male genäht werden. Asthmapatienten, Kinder mit Ekzemen und Allergien, aber auch Kinder, die zu klein, zu dünn oder zu dick sind, zeigen durch ihre physischen Beschwerden an, daß etwas geschehen muß. Zwar haben sie sehr verschiedene Klagen, aber der Grundton ihrer Signale ist der gleiche: Sie verbinden sich nicht richtig mit diesem Erdenleben, mit ihrem physischen Leib und ihrem Ätherleib. Ihr zukünftiges Haus ist vielerlei Einschlägen und Widerständen ausgesetzt, und jeder macht sich Sorgen.

Wenn diese Kinder eine Therapie beginnen, erwarten die Eltern eigentlich nur, daß die ewigen Beschwerden, die wiederholten Hilferufe, aufhören. Hier muß man sich jedoch wieder die schwierige Frage stellen: Was ist mit diesem Neubau los? Was stört oder verhindert den Ausbau?

Kinder, die leiblich gut versorgt werden und, nach überstandenen Krankheiten, einen gesunden Eindruck machen, stellen ihre Erzieher manchmal Jahre später vor ein Rätsel. Sie scheinen keine physischen Probleme mehr zu haben, aber jetzt tauchen psychische Probleme auf.

Ein Beispiel: Ein Kind wird mit einer Hüftdysplasie geboren, was von aufmerksamen Augen entdeckt wird. Die Ärzte beschließen, das Kind einige Zeit in ein Gipsbett zu legen, um die Hüfte zu korrigieren. Und es hilft! Die Beine wachsen wieder gleichmäßig, die Hüften stehen gerade. Aber was es für ein Kind bedeutet, ein halbes Jahr stillliegen zu müssen, bemerkt man zunächst nicht. Das Kind wird beschäftigt: Neue Spiele werden erdacht, das Kind bekommt mehr Zuwendung, kreative Lösungen für die erzwungene Immobilität werden gesucht. Wenn sich dann Jahre später herausstellt, daß das Kind auch noch eine sensomotorische Therapie braucht, weil es sich motorisch nur zögernd entwickelt, kann auch diese noch zur Zufriedenheit verlaufen.

Viele Jahre später zeigt sich jedoch ein neues Problem: Das Kind kann keine Entscheidungen treffen und harrt regungslos aus, bis die Entscheidungsmöglichkeiten vertan sind. Gleichzeitig hat das Kind in der Schule Schwierigkeiten mit dem abstrakten Denken. Es braucht z. B. furchtbar lange zum Rechnen, verliert dadurch den Anschluß an den Unterrichtsstoff und erzielt nicht die Erfolge, die man von ihm erwartet.

Betrachtet man seine Biographie genauer, dann zeigt sich, daß das Kind in dem Alter, in dem eine der geschilderten Ich-Geburtswehen sich vollzieht, liegen mußte, so daß das Ich den sich entwickelnden Leib nicht richtig ergreifen konnte. Die physischen Schwierigkeiten wurden überwunden und sind schon beinahe vergessen, aber das Ich mußte sich zu einem entscheidenden Zeitpunkt zurückhalten. – Wer vermag immer zu erkennen, wie scheinbar unzusammenhängende Dinge aus Vergangenheit und Gegenwart miteinander verwoben sind?

Selbstverständlich kann man aus diesem Beispiel nicht den Schluß ziehen, daß sich bei allen Kindern, die im Gipsbett gelegen haben, diese Probleme einstellen, oder daß als Ursache der genannten Schwierigkeiten immer die gleichen Gründe in der Vergangenheit zu finden sind. Wenn ein Kind in das Erdenleben hineingeboren wird, so ist dies ein außerordentlich individuelles und sensibles Geschehen. Da kann man nichts verallgemeiner oder etikettieren. Jedes Kind fordert stets aufs neue eine vorurteilslose, bewegliche Betrachtungsart, und dabei sind Offenheit, die Fähigkeit des Lauschens und kreatives Denken unentbehrlich!

An dem Beispiel kann man jedoch sehen, daß physische Ursachen Grund einer erschwerten Ich-Geburt sein können.

Während der Zeit, in der das Kind an seinem Haus baut, kann also äußerlich viel geschehen, was sich positiv oder negativ auf den ganzen Entwicklungsprozeß, auf den ganzen Verlauf der Inkarnation auswirkt. Kinder, die in der Stadt aufwachsen, werden einen anderen Ätherleib bilden, als Kinder, die auf dem Land heranwachsen. Stadtkinder laufen Gefahr, in ihrem physischen Leib weniger zu Hause zu sein. Vieles von dem, was sie sehen, fühlen, riechen und hören, trägt dazu bei, daß sie im Bereich ihrer Lebenskräfte nicht gestärkt, sondern gerade geschwächt werden. Sie werden sich früher und häufiger als die »Naturkinder« abgrenzen, und die Verbindungen, die sie mit ihrer Umgebung eingehen, werden oberflächlicher sein. Auch die Verbindung mit dem eigenen Körper wird oberflächlicher: Sie kennen ihren eigenen Körper weniger gut, reagieren unzulänglicher auf die Signale, die er aussendet, und sind anfälliger für Krankheiten. Die geschwächte Abwehrkraft ist also eigentlich ein Zeichen für eine mangelhafte Verbindung mit dem Körper.

Ein Kind, das gut inkarniert ist, kann einen zarten Leib geerbt haben und dennoch kerngesund sein. Ein Kind, das einen kräftigen Körper mitbekommen hat, aber schlecht inkarniert ist, kann andauernd von Krankheiten und ähnlichem heimgesucht werden. Bei jeder dieser Krankheiten versucht das Ich, doch noch mit dem physischen und dem Ätherleib in Verbindung zu treten. Das Haus eines solchen Kindes ist nicht gut isoliert, es hat nur eine dünne, durchlässige Mauer, und der zukünftige Bewohner wird keineswegs von der Perspektive, hier einzuziehen, angezogen!

Manche Kinder leiden an chronischem Eisenmangel, wo doch Eisen gerade ein Stoff im Körper ist, mit dem das Ich sich verbinden kann. Diese Kinder sind blaß, lustlos, ängstlich und bleiben in ihrer Entwicklung hinter ihren Altersgenossen zurück. Ihnen fehlt die Kraft, Form in ihr Leben zu bringen. Häufig sind sie Opfer. Immer fallen sie hin, werden geärgert, begreifen die Rechenaufgaben nicht und so weiter.

Auffallend ist, daß sie schon Mühe damit haben, außerhalb des sicheren Wohnzimmers etwas zu tun. Manche getrauen sich nicht, draußen zu spielen, andere wollen nicht zu anderen Kindern nach Hause gehen. Sie finden es sogar unheimlich, am hellichten Tag nach oben in das eigene Schlafzimmer zu gehen. Laufend brauchen sie das Ich eines anderen Menschen, und zwar vor allem in den Augenblicken, in denen sie selbst als Individuen tätig werden sollten. Vorübergehend zeigt jedes Kind einmal ein solches Verhalten, aber manche Kinder kommen oft jahrelang nicht über dieses Stadium hinaus.

Erziehende können lernen, aufmerksam alle physischen Veränderungen ihres Kindes zu beobachten. Nicht nur Gesundheit und Krankheit, sondern auch die motorische Entwicklung, das Spielen und die sportlichen Fähigkeiten des Kindes sind wichtig. War die Geburt schwierig oder ging sie schnell? Mußte das Kind viele Umzüge verkraften? Wo wächst es auf, am Meer, im Wald, in der Stadt? Inmitten von anderen gesunden Kindern oder als Nachzügler unter lauter Erwachsenen?

Dies alles sind Gesichtspunkte, die man beim Beobachten der physischen Entwicklung des Kindes mit einbeziehen sollte.

Neben all dem, was körperlich geschieht, gibt es noch eine ganze Menge *seelischer* Erscheinungen. Diese sind natürlich oft eng mit den körperlichen verbunden, aber das muß nicht unbedingt sein. Jedenfalls ist das Seelische weniger das Gebiet, das mit dem äußerlichen Aufbau des Hauses zusammenhängt, als vielmehr das, was die Einrichtung, die Installationen, betrifft. Das, was beim Bau des Hauses die Umgebung ist, die Straßen, benachbarte Häuser und Läden, Kanalisation, Elektrizität, Heizung und Möbel, all diese verschiedenen Dinge, die nicht das Haus selbst sind, kann man mit der Seele des Kindes vergleichen. Diese Seite des Menschen wird durch den *Astralleib* sichtbar.

Das Äußere des Kindes können wir schon bewundern, wenn es in der Wiege liegt. Das seelische, astrale Wesen des Kindes wird erst langsam sichtbar. Ganz allmählich wächst das Kind in einen Astralleib hinein, der ganz und gar sein eigener ist. Die ersten Lebensjahre sind noch stark dadurch charakterisiert, daß ein wirklich eigenes Seelenleben fehlt. Ein Säugling lebt noch hingegeben an die Astralität, an die Gefühlswelt seiner Umgebung oder, im Schlaf, an die geistige Welt, in der er vor der Geburt war.

Dort, in der geistigen Welt, umgeben von anderen Menschenseelen und Engeln, hat sich der Mensch auf sein künftiges Leben vorbereitet. In dieser geistigen Welt existieren Seelenkräfte, die auf die Seele des Kindes unterschiedlich einwirken, je nachdem, was für ein Mensch das Kind ist und welche Aufgaben er für das neue Leben auf sich genommen hat. Die große Vielfalt der Gefühle, des Kunstempfindens, der sozialen Fähigkeiten, kurzum alles, was das Kind später in seiner Seele als Armut oder Reichtum, als Gut oder Böse erleben wird, erhält es aus diesem geistigen Einflußbereich. Wie in ein Bad, gefüllt mit allen Farben des Regenbogens, taucht der Geist ein, und er taucht wieder auf mit einer Hülle aus farbigen Kraftfeldern. In der Seele des Kindes wird dies später sichtbar, spürbar. Das eine Kind bringt viel von beiden Gegensätzen mit, das andere weniger. Es nimmt aber jeder Mensch von beiden Seiten etwas mit!

Erzieher müssen nicht nur auf die körperliche Entwicklung eines Kindes schauen, sondern auch auf dessen emotionale Äußerungen. Kommt es strahlend auf die Welt, und wächst es strahlend auf? Dies ist nur selten der Fall. Es geschieht zu viel: Kleine Kinder erschrecken, werden vergessen, müssen Gewalt ertragen. Das Kind ist umgeben von Menschen, die selber Ängste, Freude, Eifersucht und Neigungen erleben. Es erfährt um sich eine farbige Vielzahl von Seelenäußerungen.

Die Bildung der Seelenhaut

Wie wirken die täglichen Erlebnisse eines Kindes auf seine Seele? Wie schon gesagt, ist die Seele des Kindes anfangs weit geöffnet. Es unterscheidet noch nicht zwischen innen und außen. Man kann sagen, daß das Kind noch keine »Seelenhaut« hat. Innen- und Außenwelt sind noch nicht voneinander abgegrenzt. Das Kind kann die Regungen der eigenen Seele und die einer anderen nicht auseinanderhalten. Alles, was andere Menschen in ihrem Astralleib als lebendige Bewegung empfinden, wird von einem kleinen Kind miterlebt. Alle Wünsche, Schmerzen, Freuden oder Zufriedenheit, die ein Kind erlebt, zeigt es sofort. Jedes Erlebnis strömt aus ihm heraus.

Das Kind in der Wiege schreit lauthals, wenn es etwas Unangenehmes fühlt. Kein Säugling überlegt: Soll ich es mir jetzt anmerken lassen, oder soll ich es lieber für mich behalten? Diese Wahl kann er gar nicht treffen. Ganz selbstverständlich kommt alles von innen nach außen und geht alles von außen nach innen, denn es gibt dazwischen noch keine Grenze. Dieser offene Seelenzustand rührt noch aus dem Vorgeburtlichen her!

Es strömen also zahllose Eindrücke in die Kinderseele ein. Jeder Mensch, der sich über die Wiege beugt, hat eine andere Ausstrahlung. Jeder Astralleib ist anders. Um die Wiege herum sind dann Bewunderung, Freude, Liebe und Rührung, aber auch Sorge, Enttäuschung, Eifersucht und Aggression. All diese Emotionen werden von dem Kind wie im Schlaf, nämlich unbewußt miterlebt.

Es gibt freilich auch Gefühle, die durch eine eher äußere Ursache hervorgerufen werden. Farben, Geräusche, Licht und Dunkelheit sind für ein kleines Kind nicht einfach nur Wahrnehmungen. Alles verursacht eine Flut von Empfindungen, die großen Einfluß auf das Kind haben. Es wird alles noch bis ins Innerste hinein erlebt, und zwar nicht als Tatsache, sondern als Gefühl. Farben rufen innerliche Kälte oder Wärme hervor, Dunkelheit weckt das Gefühl, auf sich zurückgeworfen zu sein, Licht wird erfahren als etwas, das ein frohes Gefühl der Dazugehörigkeit erzeugt, das Gefühl, wieder dabeisein zu dürfen. Kinder drücken das oft nur zu deutlich aus: Beim ersten Sonnenstrahl am Morgen rufen sie jeden aus dem Bett!

Äußerst verschiedene Erfahrungen werden gemacht: Die kühle, abweisende Umgebung in einem altmodischen Krankenhaus hinterläßt ganz andere Eindrücke als ein liebevoll eingerichtetes und in zarten Farben gehaltenes Kinderzimmer. Eine Wohnung dicht neben einer sehr befahrenen Straße unterscheidet sich himmelweit von einem Waldhaus, wo das Kind morgens von Vogelgesang geweckt wird. Sei es nun Vogelgesang oder Autolärm, das kleine Kind nimmt die hervorgerufenen Gefühle ganz stark in sich auf.

Viele Eltern berichten von erstaunlichen Übereinstimmungen ihrer eigenen Gefühle und Hemmungen mit denen ihrer Kinder. Bedenkt man die Offenheit der Kinderseele, so ist es nicht länger verwunderlich, daß Kinder die Stimmungen ihrer Umgebung widerspiegeln. Sie erfahren diese Stimmung auch wirklich, und sie äußern sie viel unmittelbarer als die Erwachsenen um sie herum.

Ein Beispiel: Die Mutter ist während des Stillens nicht entspannt, sie regt sich über irgendeine Begebenheit auf. Das spürt das Kind und trinkt nicht ruhig, sondern hastig und ist schnell abgelenkt. Beim Bäuerchen spuckt es einen Teil der Nahrung wieder aus. Der Säugling erfährt die Nervosität der Mutter in der eigenen Seele und reagiert entsprechend. Sein Verhalten ist Folge seiner Nervosität, die wiederum von den Gefühlen der Mutter hervorgerufen wurde.

Ein anderes Beispiel: Der Vater hat einen harten Arbeitstag hinter sich. Alles ging schief: Die Kollegen waren nicht kooperativ, bestellte Ware kam nicht rechtzeitig, der Umsatz war zu niedrig usw. Der Vater ist unzufrieden und irritiert. Bei Tisch versucht er, nett zu Frau und Kindern zu sein, aber bevor die Mahlzeit zu Ende ist, hat der Kleine im Kinderstuhl allen die Hölle heiß gemacht. Er ist mit nichts zufrieden, nichts schmeckt, und das Essen wird auf den Boden gefegt.

Alle Eltern könnten hier zahllose Beispiele nennen. Es ist sehr wichtig, sich darüber klar zu werden, daß dieser »Mechanismus« auch bei positiven Stimmungen und Gefühlen funktioniert. Das Kind selektiert nicht: Wenn man sich froh, dankbar und hoffnungsvoll fühlt, kann man sehen, daß das Kind sich genauso benimmt. Sehr leicht kommt es so zu einer Art Spirale der Gefühlsabhängigkeit. Wenn diese positiv ist, kann man nichts dagegen einwenden. Wenn aber irritierte Eltern dauernd mit Kindern, die sich unmöglich benehmen, fertig werden müssen, werden sie noch ärgerlicher. Das spüren die Kinder, und dies führt zu einem unerfreulichen Kreislauf.

Oft höre ich von Eltern, daß sie gerade in schwierigen Zeiten diese seelischen Zusammenhänge zu spüren bekamen. Sie mußten nicht nur in Sachen ihrer eigenen Probleme ein neues Gleichgewicht finden, sondern auch für ihre Kinder. Diese reagierten auf die Seelenstimmung um sie herum mit verschiedenen Störungen, in denen sich die mitempfundenen Emotionen äußerten. So mußten die Eltern erst den eigenen Kummer, die eigene Aggression abbauen und dann noch die ihrer Kinder.

Das ganze astrale Leben, die seelische Atmosphäre um das Kind herum ist also von großer Bedeutung für die Entwicklung des Astralleibes. Die seelischen Vorbilder, mit denen das Kind aufwächst, sind sehr wichtig. Es nützt hier nichts, das Seelenleben zu verschweigen oder hinter einem Lächeln zu verbergen. Kinder schauen »bis auf den Seelengrund«, wie man sagt. Das stimmt eigentlich so gar nicht, denn sie schauen nicht dorthin, sondern sie erleben ihn, leben mitten darin.

Das Kind hat dafür freilich noch lange kein Bewußtsein. Es zeigt allenfalls eine deutliche Zuneigung oder Ablehnung gegenüber einem bestimmten Erwachsenen oder einem anderen Kind, je nachdem, welche Art Seelenregungen es bei diesem Menschen häufiger miterlebt hat. Ein Bewußtsein dafür wird erst später erlangt. Für das Kind ist es ganz einfach so! Wenn ein Kleinkind hört, wie seine älteren Geschwister über einen Witz lachen, lacht es herzhaft mit, obwohl es nicht das Geringste verstanden hat. Es erlebt die Freude der anderen mit ...

Könnte man alle diese Einflüsse aus der Umgebung eines Kindes zusammenfassen, so wüßte man, was in der Seele des Kindes lebt!

Wenn das Kind älter wird, verändert sich das Verhältnis zwischen innen und außen. Die Seele, die anfangs noch in der astralen Atmosphäre der Umgebung aufging, zieht sich beim älter werdenden Kind mehr und mehr auf sich selbst zurück. Das Kind eignet sich langsam ein eigenes Seelenleben an. Der Unterschied zwischen innen und außen wird deutlicher. Es wächst eine dünne Wand, die mit dem Größerwerden des Kindes dicker wird. Wir können uns diese Wand am besten als eine zweite Haut vorstellen, als eine Seelenhaut.

Durch das Wachsen der Seelenhaut entwickelt das Kind allmählich ein eigenes Seelenleben. Das, was um es herum geschieht, wird nun nicht mehr automatisch als eigenes Erleben empfunden. Mehr und mehr gibt jetzt die eigene Seele die Impulse für Empfindungen. Das Kind unterscheidet. Wenn die umgebende Atmosphäre sympathisch ist, kann es sich noch ganz öffnen. Ist sie aber negativ, kann die neue Haut sich abschließen, die Poren zumachen. So kann sich das Kind schützen.

Das Wachstum der Seelenhaut wird durch Ich-Impulse verursacht. Wir haben schon gesehen, daß sich das Ich, begleitet von verschiedenen Geburtswehen, inkarniert. Eben dieses Ich bewirkt das Einmalige, das Individuelle eines heranwachsenden Menschen. Es sorgt für die individuelle Entwicklung der Seele und der Seelenhaut. Dieser Wachstumsprozeß verläuft daher sehr unterschiedlich; er ist abhängig von den Ich-Impulsen des Kindes.

Gewöhnlich beginnt das Wachstum der Seelenhaut nach dem dritten Lebensjahr, also nach der ersten allgemeinen Ich-Phase. In den ersten sieben Lebensjahren kann man aber noch kaum von einer echten Seelenhaut sprechen. Sieben Jahre lang wird das Kind hauptsächlich von dem Erfahrungsstrom aus der Umwelt genährt.

Nach diesen ersten sieben Lebensjahren beginnt das stete Wachstum der Seelenhaut. Das Kind wird innerlich immer unabhängiger. Es ist in zunehmendem Maße in der Lage, ein eigenes emotionales Dasein zu führen. Es weint nicht mehr alle Tränen mit und lacht nicht mehr mit bei jeder Freudebekundung in der Umgebung. So empfindlich das Kind in den ersten Schuljahren sein kann, so abhängig es noch von seiner Umgebung ist, es unterscheidet sich deutlich von einem kleineren Kind.

Der Jugendliche in der Pubertät schließlich besitzt eine eigene Seelenhaut. Die Pubertät beginnt in etwa mit der »Fertigstellung« der Seelenhaut. Dann ist das Kind in der Lage, gefühllos oder überempfindlich zu sein, wie es ihm gerade paßt. Viele Eltern wissen das nur zu gut.

Tief in seine Seele zurückgezogen, scheint der Jugendliche oft weit von allem Umgebenden entfernt zu sein. Das kommt daher, daß er oder sie diese neue Seelenhaut als äußerst schmerzhaft empfindet. Die Gefühle, mit denen das Kind nun innerlich ringt, gehen aus einer tief empfundenen Einsamkeit und dem unbewußten Bedauern hervor, die Verbundenheit, die Einheit mit anderen Menschen verloren zu haben.

Dennoch kann der Jugendliche in diesem Alter noch »aus seiner Haut heraus« und in seiner Umgebung aufgehen, doch geht dies dann mit einem Verlust an Selbstbewußtsein einher. Auch wenn nicht mehr alles aus der Umgebung in ihn einströmt, so kann er doch noch wählen, ob er innen oder außen sein will. Die Haut ist wohl da, aber nicht so abgeschlossen wie bei einem Erwachsenen. Oft werden die Jugendlichen zwischen zwei Extremen hin- und hergeworfen: Das eine Mal sind sie ganz im eigenen Seelenleben eingeschlossen, dann halten sie Nabelschau; das andere Mal gehen sie ganz und gar im mutmaßlichen Seelenleben anderer auf. Am liebsten wählen sie sich ein Idol, das weit von ihnen entfernt ist, und verehren es. Sie erleben dann das, was ihrer Meinung nach das Idol erlebt. Die Grenzen verschwimmen, die Haut kann zumindest zeitweise ganz verschwunden sein. Wenn dies positive Erfahrungen sind, kann der Jugendliche sich bereichert fühlen. Sind es negative, so verursachen sie eine Leere. In atemloser Bewunderung oder maßloser Verachtung durchlebt der Jugendliche diese »Seelenumzüge«.

Rudolf Steiner hat darauf hingewiesen, wie wichtig es ist, die Aufmerksamkeit der Jugendlichen auf die Weltgeschichte und auf Personen, die ein inspirierendes Vorbild sein können, zu lenken. Der Jugendliche in der Pubertät kann, gerade durch seine Offenheit, das Gute in der Welt und in anderen Menschen in sich aufnehmen und sich, mehr als dies später je wieder möglich sein wird, damit identifizieren.

In der Pubertät gestaltet das Ich den Astralleib. Dieser ist die Behausung für das eben entstandene Seelenleben. Nun, da die Seelenhaut die Grenze zwischen innen und außen darstellt, braucht die Seele einen Leib. Durch die eigenen Seeleninhalte formt sich dieses dritte Wesensglied.

Verliebtheit und Sexualität

Betrachtet man das Wesen der Verliebtheit in diesem Alter, dann kann man beobachten, daß der Jugendliche das Verliebtsein am liebsten nur in seinem Innern erlebt. Dies gibt ihm die Möglichkeit, sich für eine kurze Zeit ganz in der Seelenhaut eines anderen Menschen zu erleben, um dann dessen Seelenhaltung in die eigene Gefühlswelt mitzunehmen. Manchmal sind die Liebesbriefchen, die man sich schreibt, spannender als die wirkliche Begegnung. Sobald die Verliebtheit physisch wird, die Sexualität an die Stelle der Träumerei tritt, geschieht etwas ganz anderes. Der Jugendliche geht dann nicht mehr nur in der Seele des anderen auf, sondern verliert sich selbst gewissermaßen auch physisch. Auf der seelischen Ebene vollzieht sich dieser Prozeß des Eintauchens und des Wieder-zu-sich-Findens recht einfach. Das physische Eintauchen dagegen läßt sich viel schwieriger rückgängig machen. Es entsteht Unfreiheit, Gefangenschaft. Dieses Gefangensein wird in die Muster des Astralleibes eingeschrieben. Der Jugendliche ist dem anderen physisch ausgeliefert.

Oft führt dies zu einer zu frühen festen Beziehung oder zu einem vorzeitigen Abhärten der Seelenhaut. Der Jugendliche verliert nicht nur seine Verletzlichkeit, sondern auch mehr oder weniger seine seelischen Fähigkeiten im Bereich des Einlebens und Mitempfindens. Zu viele Jugendliche beenden heute zu früh ihre Pubertät, weil ihre Seelenhaut zu früh erwachsen werden muß, und dies, ohne daß sie selbst schon erwachsen sind. Schuld daran ist die Tatsache, daß seelische Sehnsüchte und Emotionen zu schnell physisch werden und körperlich erlebt werden müssen. In unserer Kultur wird die Sexualität schon früh ausgelebt, und viele Jugendliche meinen, hier mithalten zu müssen. Dies bringt junge Leute hervor, die zu früh reif werden, und Erwachsene, die später innerlich arm und leer sind.

Eine heile, erwachsene Seelenhaut, die etwa um das 20. Lebensjahr herum vollendet ist, gibt dem Menschen die Möglichkeit, innerhalb der eigenen Seelenhaut zu bleiben und zugleich das Seelenleben eines anderen Menschen, aus innerem seelischen Reichtum heraus, mitzuempfinden. Wenn es nötig oder erwünscht ist, kann solch ein Erwachsener sofort tätig werden, weil er die Gefühlswelt seiner Umgebung deutlich genug spürt.

Eine gesunde, erwachsene Seelenhaut atmet. Sie ist durchlässig und flexibel. Wer will, kann die eigenen Gefühle äußern und die der anderen hereinlassen. Eine Haut, die einem eisernen Vorhang gleicht, ist eine psychische Behinderung. Eine Haut, die dünn wie Papier ist, allerdings auch.

Bilderfahrungen

Die Bildersprache der Seele

Da die Kenntnis der Seelensprache so wichtig ist, um das Innere des Kindes zu verstehen, ist es gut zu wissen, wie diese Bildersprache entsteht.

Das junge Kind erfährt in der eigenen offenen Seele einen Wirrwarr von Erlebnissen. Das Kind kann diese Erfahrungen noch nicht verstehen oder benennen. Denn dazu ist es nötig, daß ähnliche Erfahrungen zu einer Gruppe verwandter Erfahrungen gebündelt werden.

Ein einfacher Vergleich kann dieses Prinzip verdeutlichen: In einem Postamt muß die hereingebrachte Post sortiert werden. Wenn die Beamten keine Vorstellung von Ländern, Städten oder Straßen hätten, könnten sie die Post nicht bündeln, nicht sortieren und für die Auslieferung vorbereiten.

Die Erfahrungen kleiner Kinder sind noch nicht gebündelt, noch nicht etikettiert und entsprechend aufbewahrt. Sie erleben alles immer von neuem. Jedes Bad ist für das Baby Anlaß zu der gleichen großen Freude. Jedesmal wenn das Kleinkind genährt wird, fühlt es sich geborgen. Wir als Erwachsene staunen oft über die Tatsache, daß kleine Kinder an irgend etwas unendlich lange und immer wieder Freude haben können. Bei ihnen taucht das Gefühl des »Schon wieder das gleiche, das kenne ich schon« nicht auf. Erwachsene sind meist nicht mehr in der Lage, eine bekannte Erfahrung wie neu zu erleben. Für kleine Kinder ist das selbstverständlich, weil sie noch nicht sortieren, ordnen und etikettieren.

Junge Kinder können eigentlich noch nicht über Erfahrungen berichten. Damit sie etwas erzählen, muß man schon daneben stehen und entsprechend selbst etwas aus der Vergangenheit heraufholen.

Kinder können allerdings manchmal ganz genau über ein Ereignis, das plötzlich in ihrer Erinnerung auftaucht, plaudern. Sie erleben es in diesem Moment noch einmal. Das Erleben ist wieder echt da, es ist keine Abstraktion. Sie reden nicht einfach über ihre Erfahrung, sondern erleben sie zum zweiten Mal, allerdings jetzt von innen heraus. Aus diesem Grund nützt auch belehrendes Gerede Kindern gegenüber nicht sonderlich viel. Das Kind hört nicht auf die wohlgemeinten Erklärungen, sondern erlebt dasjenige, was diese Person ihm gegenüber ausstrahlt. Der Erwachsene geht unbewußt davon aus, daß das Kind weiß, worüber er spricht, weil es die betreffende Erfahrung kennt. Aber die Wörter, losgelöst von der Erfahrung, sind für das Kind unverständlich. Die Tatsache, daß es dennoch oft hilft, wenn Eltern mit ihren Kindern reden, läßt sich dadurch erklären, daß sie in dem Moment Aufmerksamkeit, Wärme und Beruhigung ausstrahlen. Das erfahren die Kinder, und das können sie aufnehmen. Die Kraft des Gesprächs liegt nicht in dem Inhalt der Wörter, sondern in dem, was seelisch dahintersteckt.

Trotzdem verwenden Kinder heutzutage oft schon sehr früh Begriffe für Gefühle, Emotionen und so weiter. Das hat nichts mit Reife, sondern mit Nachahmung zu tun.

Jedes Kind wird mal weinend wach. Wenn es getröstet wird und die Wärme der Eltern erlebt, dann wird es diese Erfahrung gar nicht benennen. Wenn die Eltern aber sagen, »Oh, hast du Angst? Du brauchst keine Angst zu haben«, dann gibt es einen Begriff, den die Eltern benutzen für das Aufwachen in Tränen. Das nächste Mal sagt das Kind vielleicht, daß es Angst hat, wenn es nachts aus dem Bett kommt. Dabei kann es sehr wohl sein, daß das Kind beim zweiten Mal gar keine Angst hat, sondern aus irgendeinem anderen Grund aus dem Bett kommt. Aber es ahmt die Aussage der Eltern nach. Die Eltern nehmen diese Äußerung wörtlich und machen sich nicht klar, daß das Kind noch nicht im

Stande ist, seine Empfindungen so genau zu benennen. Das Kind selbst versteht von dieser Sprachverwirrung noch weniger.

Erst der junge Erwachsene, der auf die Zwanzig zugeht, kann bewußt die inneren Seelenerlebnisse unterscheiden und benennen. Es gibt Ausnahmen, aber Ausnahmen bestätigen bekanntlich die Regel.

Was ist eigentlich ein Bild?

Ein Bild ist eine Erfahrung in der Seele des Kindes, die einen tiefen Eindruck gemacht hat und die deswegen einen bleibenden Abdruck hinterläßt. Diese Bilderfahrung zieht wie ein Magnet ähnliche Erfahrungen an. Dadurch werden diese Erfahrungen gebündelt. Ich möchte dies anhand einiger Beispiele aus der Praxis verdeutlichen. Zuerst einige positive Bilderfahrungen.

Ein Kind hat Geburtstag. Alle Familienmitglieder stehen um das Bettchen und singen, alle zusammen und nur dem Kinde zu Liebe. Eine große Welle der Wärme überflutet das Kind, und diese Erfahrung hinterläßt einen bleibenden Abdruck in der Seele. Jetzt haben alle schönen Erfahrungen, die noch wie ungeordnete Poststücke in der Seele lebten, ihren Magneten gefunden. Wie mit einer Büroklammer werden die Erfahrungen gebündelt.

Das Bild der singenden Menschen um das Kind herum bleibt innerlich als lebendige Erinnerung erhalten. Der Inhalt übersteigt diese eine morgendliche Erfahrung. Viele gute Erfahrungen aus der Zeit davor ergänzen das Bild und die Erinnerung. Jetzt wird dieses Bild für das Kind sehr wertvoll. Wenn es sich später ängstlich und allein fühlt, kann dieses Bild plötzlich in ihm aufsteigen und es mit einem Gefühl von Wärme und Geborgenheit erfüllen. Ruhig und getröstet kann es dann warten, bis jemand kommt.

Das ängstliche Gefühl verschwindet durch die inhaltliche Kraft des Bildes, eine Kraft, die aus der Sammlung positiver Erfahrungen entsteht, die in diesem Bild zusammengefaßt werden.

Ein anderes Beispiel: In einem Kinderheim bleibt durch Personalmangel zu wenig Zeit für individuelle Zuwendung. Die Kinder leiden unter »Seelenarmut«. Auf dem Gelände des Heims arbeitet ein Gärtner, der eine besondere Sympathie für ein Kind entwickelt, das immer wieder neugierig seine Arbeit beobachtet. Wenn das Kind kommt, schenkt er ihm Zeit und Aufmerksamkeit. Jahrelang erfährt dieses Kind den Gärtner als eine Oase in der Wüste.

Der Gärtner wird ein Bild für Halt und Sicherheit, für alles das, was wirklich individuell zu dem Kind gehört. Wenn das Kind sich später im Leben in irgendwelchen großen Gruppen wieder unsicher und verloren fühlt, schwebt ihm das Gesicht des Gärtners vor. Dann wird dieser Mensch von einem Gefühl der Wärme ergriffen, und die gefährdete Selbstsicherheit ist wiederhergestellt. Das Gesicht des Gärtners ist tief in der Seele eingeschrieben und bündelt alle herzerwärmenden Erfahrungen, die das Kind erlebt hat.

Wenn ein Kind einmal eine Reihe ähnlicher Erfahrungen gemacht hat, neigt es dazu, diese zu einem Bild zu bündeln. Die Seele denkt und merkt sich Erlebnisse in der Form von Bildern. Diese sind sozusagen der innere Referenzrahmen. Da das Kind immer stärker das Bedürfnis hat, innere Erfahrungen zu sammeln, ist es unbewußt auf der Suche nach passenden Bildern. Wie man an den Beispielen sehen kann, sind die täglichen Erfahrungen dazu gut geeignet. Kinder können allerdings auch viel erleben und erfahren, wenn sie Geschichten hören (oder später auch selbst lesen) und Abbildungen sehen. Geschichten, Märchen, Fabeln, schöne Illustrationen, aber leider auch Horrorgeschichten und gräßliche Abbildungen können dem Kind die beschriebene Büroklammererfahrung vermitteln.

Wer einem heranwachsenden Kind viele Geschichten erzählt oder vorliest, merkt, daß bestimmte zu ihm passen und daß es diese immer wieder hören will.

Ein Kind mußte in den ersten sieben Lebensjahren immer wieder mit Krankheit ringen. Jedesmal kam es in ein Krankenhaus, jedesmal wurde es mit Krankheit und Schmerz konfrontiert, und jedesmal erholte es sich auch wieder. Das Kind wurde ein sportliches, lebensfrohes Schulkind.

Eines Tages liest die Lehrerin die Geschichte des häßlichen, jungen Entchens vor. Das trifft! Das lange Kämpfen des Entchens, das schließlich ein schöner Schwan wurde, macht einen tiefen Eindruck auf das Kind. Es spürt, daß es die eigenen Erfahrungen in dieser Erzählung zusammenfassen kann. Immer wenn es sich an die frühe Kindheit erinnert und die Erinnerungen an das Durchlittene in dieser Zeit der Krankheit wieder hochkommen, taucht die Geschichte des häßlichen Entchens auf. Diese Geschichte muß sicherlich noch oft vorgelesen werden! Die Geschichte bündelt die alten Erfahrungen und stellt eine Kraftquelle dar, die bei Enttäuschungen oder Mißgeschick hilft.

Bislang war in den Beispielen nur von schönen, gesunden Erfahrungen, die in ein positives Bild münden, die Rede. Jedes Kind macht aber auch schlechte, negative Erfahrungen. Wenn diese nicht gut verarbeitet werden, passiert mit ihnen das gleiche wie mit den positiven Erfahrungen. Sie werden ebenfalls irgendwann in einem Bild zusammengefaßt. Allerdings handelt es sich dann um ein belastendes Bild. Das Kind fürchtet sich z. B. vor großen Hunden, auch wenn keine da sind. Oder es hat Angst vor Wölfen und Hexen, vor Wasser oder Motorrädern. Diese Bilder haben die Funktion eines Sündenbocks. Die Eltern dürfen nur noch oberflächliche, harmlose Geschichten erzählen, Hunde müssen im Haus bleiben etc. Aber wenn wir die Sprache der Seele richtig verstehen, wissen wir, daß die Ursache in dem Seeleninhalt hinter den Bildern, hinter der Geschichte, hinter dem Hund oder dem Motorrad liegt. Das Bild gibt dem Kind die Möglichkeit, seine Angst zu äußern, dadurch wird sie benennbar. Das wirkt an und für sich schon befreiend. Das Kind kann jetzt Signale bzw. Hilferufe geben. Es kann über Wölfe, Hexen oder Hunde klagen und somit seinem Elend einen Namen geben.

Im folgenden wollen wir einige Beispiele solcher negativer Bilder betrachten.

Ein Kind wächst in einer Familie auf, in der Verstand und Intellekt alles bestimmen. Was dem Kind eigen ist, wird nicht als wichtig anerkannt, sondern wird als lästige Äußerung eines unausgewachsenen Gehirns betrachtet. Die Geschichten, die das Kind aus seiner Erfahrungswelt heraus erzählt, werden immer zerlegt, und seine Spiele werden durchkreuzt. Immer konzentrieren sich die Eltern auf etwas »unglaublich Wichtiges« von irgendwelchen erwachsenen, vernünftigen Leuten.

Das Kind verliert sich dabei selbst, ihm wird nur noch dann Aufmerksamkeit entgegengebracht, wenn es sich wie ein Mini-Erwachsener benimmt. Das Kind zieht sich in sich selbst zurück und verschließt die eigene Seele, die eigene Empfindlichkeit, damit es nicht mehr verletzt werden kann. Dann verliert dieses Kind seinen ersten Milchzahn, es verliert etwas Eigenes.

Dieser Vorfall wird zum Bild für alles, was die ganze Zeit geschehen ist, und das Kind verbindet den vergangenen Schmerz, die erlittenen traurigen Erlebnisse mit dem Verlust des Zahnes. Das Kind fürchtet sich höllisch vor dem Verlust der anderen Zähne. Was ein Fest sein kann, wird zum Alptraum.

Beruhigendes Einreden auf das Kind hilft nicht. Das Kind will nicht noch mehr von sich selbst verlieren, und die Angst ist so groß, daß diese bis ins Physische hineinwirkt. Das Kind behält über Jahre hinaus seine Milchzähne!

Es ist wahrscheinlich überflüssig zu betonen, daß das Kind

auch ein anderes Bild für seine negativen Erfahrungen hätte finden können. Umgekehrt hat auch nicht jedes länger bestehende Milchgebiß mit solch einer Problematik zu tun.

Noch ein Beispiel: Ein Kind wird zu früh geboren und macht durch mehrere Krankenhausaufenthalte sehr viel Negatives durch: Schmerz, Trennung von den Eltern, Angst vor anderen Kindern, stundenlanges Weinen, auf das keiner reagiert etc.

Einige Jahre später kommt dieses Kind wieder in ein Krankenhaus, um eine kleine Nichte zu besuchen. Dieses Mädchen liegt weinend in ihrem Bettchen, ein Gitterbettchen. Plötzlich verdichten die vielen unangenehmen eigenen Erfahrungen sich zu diesem Bild. Das Bettchen wird zum Bild für das Ganze. Ein solches Bettchen ruft jetzt eine große Angst hervor, eine Angst, die durch diesen einen Besuch im Krankenhaus nicht ausgelöst sein kann.

Schließlich besteht alles aus Gittern: ein Laufstall, ein Gartenzaun, der Zaun um den Schulhof. Das Kind wehrt sich gegen jeglichen Aufenthalt hinter Gittern. Es will nicht zur Schule, nicht in den Garten, nicht zu der Nachbarin, die einen Laufstall hat, etc. Alte, unverarbeitete Gefühle verursachen die jetzige Angst, die so irrational erscheint.

Dann gibt es zum Beispiel auch das Kind, das in einer Familie mit drei älteren Brüdern der Nachzügler ist. Eltern und Geschwister haben andauernd Machtrangeleien. Auseinandersetzungen, Geschimpfe, sogar Schläge und Fußtritte, das alles steht auf der Tagesordnung. Aggression überschwemmt die Seele des jüngeren Kindes.

Es kommt mit diesen unschönen Gefühlen nicht zurecht. Irgendwann sieht das Kind im Fernsehen einen Film, worin ein wütender Hund mehrere fliehende Kaninchen verfolgt. Der bissige, wütende Hund macht einen tiefen Eindruck auf das Kind. Innerlich ist es ein Echo der selbsterlebten Gefühle. Von diesem Tag an, rufen Hunde unerklärlich heftige Gefühle in dem Kind wach.

Es ist wichtig, zu wissen, daß nicht alle Kinder mit Angst reagieren. Obwohl sie alle, aufgrund der eigenen negativen Erlebnisse, die Angst kennen, werden sie sie nicht unbedingt äußern.

Starke, willensbetonte Kinder mit einem heftigen Temperament übersetzen ihre Angst oft in Aggression. Hinter einer Aggression steckt immer Angst! Wenn ein negatives Seelenbild in Aggressionen geäußert wird, dann imitieren die Kinder oft das negative Element, zum Beispiel den Hund oder den Banditen. Sie werden zum »Rumpelstilzchen«, oder verstecken sich hinter einem Gitter. Wer kann das alles noch durchschauen?!

Wenn ein negatives Bild die Basis für Angst oder Aggressionen bildet, fühlen sich die Erziehenden, sowohl Eltern wie Lehrer, oft machtlos. Trost und Beruhigung helfen nichts gegen die Angst; Mahnungen und erzieherische Strenge besänftigen keine aggressiven Kinder.

Immer wieder gibt es unerklärliche, extreme Emotionen, und auf alle Bemühungen der Eltern reagieren die Kinder nur mit Gleichgültigkeit. Die Ursache dafür muß darin gesucht werden, daß das Bild nicht eine einzige Erfahrung repräsentiert, sondern eine ganze Menge ähnlicher Erfahrungen.

Die Wirkung innerer Bilder

Eine Erfahrung ist wie ein Glas Wasser. Hat man daraus getrunken, ist es leer. Ein tiefsinniges, erfülltes, eigenes Seelenbild dagegen ist wie eine Quelle, aus der fortwährend Wasser fließt. Ein Glas Wasser hat nur eine ganz geringe Bedeutung für einen Menschen, eine Quelle kann lebenslang den Durst löschen und Leben schenken. Ist eine Erfahrung negativ, dann ist sie wie ein Glas mit verdorbenem

Wasser. Ein negatives Seelenbild dagegen ist wie ein vergifteter Brunnen, aus dem andauernd faules Wasser strömt. Es kann lebenslang die menschliche Seele vergiften.

Negative Erfahrungen, die noch nicht gebündelt sind, können noch leichter verarbeitet werden. Je später sie sich um ein Bild gruppieren, desto besser. Positive Erfahrungen, die ein entsprechendes Bild finden, stärken die Seele sofort. Je mehr positive Bilder ein Kind zur Verfügung hat, desto größer die Chance, daß das Kind sich mit dem richtigen Bild verbindet und so die Wirkung der guten Erfahrungen auch im nachhinein spürt.

Wenn ein kleines Kind viel Positives erfährt während der Zeit, in der es noch keine eigene Seelenhaut hat oder diese noch sehr offen ist, dann hat das einen ganz besonderen Wert für das ganze spätere Leben.

Die Seele wird reich an Inhalten und Formen, und wenn das Kind älter wird, ergänzt es diese mit den entsprechenden Bildern. So verfügt es dann über innere Quellen. Im Laufe seines Lebens werden es diese ihm ermöglichen, sich in schwierigen Lagen zurechtzufinden. Der Astralleib, der in der Pubertät geboren wird, bildet sich aufgrund dieser Seeleninhalte. Durch eine reiche Kindheit wird er »intelligent«. Der Mensch wird gewissermaßen astralisch klug. Aus solch einem Kind wird ein Erwachsener, der immer einen Ausweg findet, ein Mensch voller Mut und kreativer Lösungsansätze.

Das Kind lebt vor der Geburt noch im sicheren Mutterschoß. Bis auf gedämpfte Geräusche und Lichtsensationen, gibt es wenig, was das Kind physisch erreicht. Es sieht noch gar nichts. Aber in der Seele des Kindes leben schon alle Einflüsse der Umgebung. Diese werden zu einem wunderbaren Kleid aus unterschiedlichsten, freilich meist gedämpften Eindrücken verwoben. Mutter und Kind, Umgebung und Kind sind auf diese Weise schon vor der Geburt miteinander verbunden. Das Kind lebt astralisch eingebettet in dem Astralleib der Mutter, so wie es auch physisch in dem Körper der Mutter lebt. Der Astralleib der Mutter liegt wie ein schützender Mantel um das Kind.

Alle Kinder haben während der Zeit, in der sie sich auf eine Inkarnation vorbereiteten, eine Reise durch den Kosmos gemacht. Ein Teil dieser kosmischen Welt ist die Astralwelt. Im Vorgeburtlichen haben sie in ihr Seelenleben sehr viele Eindrücke tief aufgenommen.

Astra heißt Stern. Astralisch heißt also »von den Sternen«. Neben dem Menschen verfügen nur noch die Tiere über einen Astralleib. Im Tierreich findet man denn auch eine fast unglaubliche Sternenweisheit. Vielen Erscheinungen liegt hier eine unbewußte, aber sehr beeindruckende Ordnung zugrunde. Man denke z. B. an die Sozialordnung bei den Bienen und Ameisen, den Bau von Nestern, die Auswahl der Brutplätzen, die Züge der Vögel und Fische etc.

Tiere sind astralisch sehr geprägt, sie sind selbstverständlich, aber, im Gegensatz zum Menschen, unbewußt weise. Auch in dem menschlichen Astralleib liegt viel Weisheit, die allerdings nicht immer so selbstverständlich gelebt wird. Nur mit Bewußtsein kann und soll der Mensch diese Weisheit in seiner Seele suchen, sich mit ihr verbinden und sich von ihr belehren lassen.

Die Sternenweisheit, diese kosmische Kraft, lebt noch stark in dem jungen Kind. Dadurch wird es beschützt gegen das Chaotische der Erfahrungen, die dauernd in sein Inneres einströmen. In dem Kind entsteht eine natürliche Harmonie, die durch seine starke kosmische Verbindung erklärt werden kann.

Der Erwachsene, der diese kindliche Verbindung verloren hat, würde ohne Seelenhaut einem solch immensen, inneren Chaos ausgesetzt sein, daß er unmöglich sein inneres Gleichgewicht finden könnte. Aufnahme in die Psychiatrie wäre fällig!

Das junge Kind wird noch von großen kosmischen Bildern

getragen und genährt. Deren Wirkungen fließen in die offene Seele ein und nähren und stärken sie. Deshalb ist die Offenheit beim kleinen Kind so wichtig. Und so wird auch verständlich, weshalb es bei der Geburt noch keine Seelenhaut hat. Liebe und Harmonie aus anderen Sphären können jetzt noch frei in das Kind einströmen und ihm helfen, sich richtig mit dem neuen Erdenleben zu verbinden. Je länger das Kind für diese Wirkungen offenbleibt, desto mehr Schutz und Nahrung erfährt die Seele. Je weniger Störungen in seiner Umgebung auftreten, desto länger kann das Kind seinen Nutzen aus diesen Einflüssen ziehen. Wenn das Kind durch unangenehme Erfahrungen verstört wird, wird es aus dieser traumhaften Verbindung gewissermaßen wachgerüttelt, es schreckt auf und schließt sich schneller ab. So entsteht zu früh eine Seelenhaut. Eine Mauer zwischen Kind und Umgebung wird hochgezogen. Die Seelenhaut ist die Grenze zwischen dem eigenen Seelenleben und dem anderer. Wer auf sein eigenes Gefühl horcht, merkt oft, wie bestimmte Menschen diese Grenze respektieren, während andere sie dauernd überschreiten. Oder man erfährt, daß das eigene Gefühl nicht heraus kann, sondern gefangen bleibt innerhalb der eigenen Seelenhaut. Oft ist es auch schmerzhaft zu erleben, daß jemand uns nicht an sich heranläßt, daß wir keinen Zugang finden.

So wie in die Astralität des Tieres die Lebensimpulse eingeschrieben sind, so wurde auch dem Menschen im Vorgeburtlichen alle Weisheit, die er im Leben braucht und nach der er sucht, in die Seele eingeprägt. Wir wissen eigentlich alles, was wir wissen müssen. Unser höheres Ich, unser geistiges Wesen hat, zusammen mit anderen geistigen Wesenheiten, unsere Seele mit Weisheit getränkt. Das gilt für jeden Menschen. In jedem Menschen liegt die Weisheit, die er für sein Leben braucht, verborgen. Jedoch ist die Beziehung, die die Menschen zu ihrem Astralleib haben, sehr unterschiedlich. Der eine hat einen verdrängten und verhärteten Leib und eine Seele, die abgeriegelt und verleugnet wird. Die astralische Weisheit dieser Seele kann den Lebenspfad des Menschen nicht erleuchten. So jemand stellt sein Licht unter den Scheffel. Ein anderer, der dauernd aufmerksam die eigene Seele, die seiner Mitmenschen und seine Umgebung beobachtet, verfügt über einen lebendigen Astralleib bzw. eine Seele mit einer gesunden Seelenhaut. Für diesen Menschen ist das Leben ganz anders. Immer aufs neue strömen Einsichten und Weisheiten aus ihm heraus und in ihn ein.

Das Erkennen der inneren Bilder

Wer noch nie von den inneren Bildern der Kinder gehört hat, wird sie auch nicht so schnell erkennen. Wer aber den Eltern genau zuhört, die von merkwürdigen Zügen oder Angewohnheiten ihrer Kinder berichten, kann die dahinterliegenden Bilder erahnen.

Der eine berichtet von der »verrückten« Angewohnheit des Kindes, immer die Decke des Bettchens mitnehmen zu wollen, wenn es irgendwohin zu Besuch geht. Ein anderer spricht von der merkwürdigen Angst vor Walen, obwohl das Kind noch nie einen Wal gesehen hat. Ein anderes Kind begeistert sich für Vögel, ohne daß es in der Familie dazu Anlaß gäbe. Wieder ein anderes Kind erzählt immer von dem großen Haus, in dem es lebt, während es eigentlich in einer einfachen Einfamilienwohnung zu Hause ist. Dann gibt es Kinder, die mit vehementem Einsatz an irgendwelchen Ritualen festhalten: an einem bestimmten Ablauf beim Ins-Bett-Gehen oder beim Aufstehen. Und es gibt Kinder, bei denen bestimmte Träume oder Phantasiebilder immer wieder auftauchen. Wer einmal aufmerksam geworden ist, bekommt sehr viel mit. Langsam kann es ihm klar werden, welche positiven oder negativen Bilder in dem

Kind arbeiten. Die meisten dieser Bilder liegen allerdings sehr tief im Unbewußten des Kindes verborgen, so daß sie gar nicht deutlich zutage treten. Sie üben dann nur ihre Wirkung aus, und keiner weiß welche enormen Kräfte das Kind nähren oder behindern.

Bilder sind die Sprache des Astralleibes. Die Seele äußert das, was geäußert werden muß, in Form von Bildern; nie abstrakt, sondern immer lebendig und echt. Sie kommen zum Ausdruck im Spiel der Kinder, in den Geschichten, die sie erzählen, in den Alpträumen und in wunderschönen Träumen, vor allem wenn diese sich immerzu wiederholen. Die Weisheit, die das Ich mitteilen will, wird der Seele, den Bildern der Seele anvertraut. Diese Bilder sind in den ersten Jahren auch ein Hinweis auf das Ich. Das Ich, das Geistige des Kindes, kann noch nicht direkt mit vollem Bewußtsein zu uns sprechen, weil es noch nicht geboren ist. Man kann sich dem Ich des Kindes allerdings durch die Vermittlung der Seele nähern.

Die Seele ist ein wahrer Vermittler. Sie verbindet das ungeborene Ich mit dem Kind und mit den Menschen in seiner Umgebung. Das Kind kann auf dieser Ebene angesprochen werden. Die abstrakten Wörter, die man zu ihm spricht, erreichen es gar nicht; es versteht sie nicht.

Die eigene Seele ist der Dolmetscher und die Verbindungsbrücke zu dem Kind. Im eigenen Astralleib kann man von innen heraus die Situation des Kindes erspüren. Auf der Ebene dieses Wesensgliedes kommt man ebenfalls an das Wissen um die Antwort auf die Fragen, die man als Erziehender hat, heran. Dort entsteht die klare Einsicht in alle Signale, die das Kind aussendet, und das Verständnis für sie. Die Lösung aller Rätsel, die ein Kind uns aufgibt, liegt in der Seele bzw. in dem Astralleib des Kindes. Wenn die eigene Seele transparent, lebendig und empfindsam genug ist, um die Antwort zu erfühlen, und wenn der Verstand wach genug ist, um die Botschaft zu übersetzen, dann kommt man voran.

Die Entelechie, von der schon gesprochen wurde, liegt als Intention im Astralleib. Sie ist Wunsch bzw. Absicht oder Intention des Ich und stammt aus dem Geistigen. Aus der Seele heraus verlangt sie nach einem Echo, einer Herangehensweise, einem Weg durch das tägliche Leben.

Bauschwierigkeiten

Angst

Wenn ein Kind während längerer Zeit sehr stark negative Erfahrungen gemacht hat, wird es ängstlich sein. Auch wenn das Kind aggressiv ist oder traurig, es verbirgt sich dahinter immer ein Angstgefühl.

Aus Angst entsteht das Bedürfnis, sich zu schützen. Das Kind gibt seiner Umgebung zuerst bestimmte Signale, aber wenn diese nicht verstanden werden oder wenn keine geeignete Antwort gegeben wird, dann wird das Kind genötigt, sich selbst zu beschützen.

Die Angst weckt das »träumende« Kind, das noch nicht zwischen innen und außen unterscheidet, auf. Das Kind, das durch wiederholte schmerzhafte Erfahrungen ängstlich geworden ist, entwickelt einen Widerstand gegen jeglichen äußeren Einfluß. Instinktiv ahnt es, daß seine Offenheit es verletzbar macht, und es versucht, sich abzuschließen.

Normalerweise kann ein Kind negative Erfahrungen verarbeiten und vergessen. Aber wenn zu viele negative Erfahrungen sich ansammeln und der Schmerz und die Angst zu stark werden, dann kann ein Kind dies nicht mehr bewältigen. Trotzdem versucht es, seine Erfahrungen loszuwerden. Dazu braucht es ein Bild, das die unverarbeiteten Erfahrungen repräsentiert. Das Kind sucht unbewußt nach einer Geschichte, einem Ereignis oder einer Abbildung, die wie eine Büroklammer die Unannehmlichkeiten sammelt. Das gelingt dem Kind meistens relativ schnell, danach kann das Päckchen mit den Unannehmlichkeiten auf den Boden der Seele versenkt werden. Das ist dann ein Teil der Lösung.

Als Folge des Bedürfnisses, sich zu schützen, entsteht lokal und verfrüht eine Seelenhaut. Die Gebiete, auf denen das

Kind emotionales Leid erfahren hat, werden abgeschirmt. Das verletzte Kind sorgt für eine Art Selbstschutz, um weitere intensive Erfahrungen auf diesem Gebiet zu vermeiden. Wenn es viele schmerzhafte Lebensbereiche gibt, kann es passieren, daß die Seelenhaut sich an mehreren Stellen verhärtet. In extremen Fällen ist es sogar möglich, daß das Kind in jeglicher Hinsicht die Seelenhaut vorzeitig verschließt. Oberflächlich gesehen kann dem Kind jetzt nichts mehr passieren. Die leidigen Erinnerungen ruhen auf dem Boden der Seele und neuer Schmerz wird vermieden.

Antipathiekräfte

Zu Anfang fühlt das kleine Kind in gewissem Sinne Sympathie für alles. Nach schmerzlichen Erlebnissen entwickelt sich allerdings eine Kraft, die dem kleinen Kinde eigentlich fremd ist, nämlich die Anthipathiekraft. Die Konzentration dieser Anthipathiekraft ist die direkte Ursache der Abschirmung.

Zusammenfassend kann man den seelischen Ablauf also folgendermaßen charakterisieren: Zuerst erfährt das Kind Unannehmlichkeiten, dann Angst und dann Antipathie. Daraufhin verdrängt es die Erfahrungen auf den Boden der Seele, zum Schluß verschließt sich die Seelenhaut.

Beim älteren Kind, das langsam und harmonisch eine Seelenhaut entwickelt, macht das Ich des Kindes einen Unterschied zwischen innen und außen. Das Kind erwacht langsam, wird allmählich bewußter und empfindet eine gemäßigte und gesunde Antipathie gegenüber Fremdem und Unangenehmem. Die Antipathiegefühle von Kindern, bei denen sich die Seelenhaut zu früh verschlossen hat, sind immer heftig und einseitig, weil die Angst und nicht die Eigenheit des Kindes den Gefühlen zugrunde liegt. Ein gesundes Kind kann mit Hilfe seiner Gefühle der Sympathie und der Antipathie wählen und Entscheidungen treffen. Hingegen führt eine zu frühe Verhärtung der Seelenhaut zu einer Art von Antipathie, die sich entweder in einem Kämpfen aus Angst oder einem Nichtstun aus Angst äußert.

Auf jeden Fall ist die Grundlage für ein zukünftiges, freies Verhalten angegriffen, wenn ein Kind sich vorzeitig abhärtet. Eine natürliche, gesunde Seelenhaut ist geschmeidig und atmet. Diese Atmung ist nichts anderes als die entspannte, selbstverständliche Anpassung zwischen Kind und Umgebung: In der einen Situation hält es sich etwas zurück, in der anderen äußert es sich etwas mehr.

Ein Kind mit einer vorzeitig verhärteten Seelenhaut ist unter einer harten, schwieligen Schicht gefangen. Die Atmung der Seele kann kaum stattfinden. Innerlich spürt das Kind Krampf und Enge. Die natürliche Reaktion auf die Umgebung ist stark beeinträchtigt. So entstehen unpassende Verhaltensweisen, störende Reaktionen, befremdende, heftige, explosionsartige Ausfälle. Aber auch Apathie, Autismus und Gleichgültigkeit verraten, daß ein Kind seine Seelenhaut teilweise oder ganz verschlossen hat. Das Kind geht weder positiv noch negativ auf seine Umgebung ein, der normale Gesichtsausdruck und vor allem die Augen sind leer und ausdruckslos. Aus keiner seiner Reaktionen geht hervor, ob das, was geschieht oder was gesagt wird, zu dem Kinde vordringt.

Ein Kind kann also in bestimmten Situationen – zu Hause, in einem Krankenhaus, bei Veränderungen etc. – sich so verhalten, daß man bei genauer Beobachtung erkennen kann, daß es sich selbst schützt. Problematisch wird es vor allem dann, wenn sich das Kind gegen sehr viele Lebenszusammenhänge oder vielleicht sogar völlig abgeschlossen hat.

In diesem Zusammenhang möchte ich erwähnen, daß ich oft zutiefst betroffen war von Kindern, die sich ganz stark abschirmten, aber ihrer Mutter noch einen Zugang ließen.

Nur in dem Zusammensein mit ihr konnten sie seelisch atmen, sie selbst sein, Kind sein. Selbstverständlich führt solch eine Situation zu einer extrem emotionalen Abhängigkeit von der Mutter, die quasi der letzte Strohhalm ist. Nicht selten bildet sich dann zwischen Mutter und Kind eine symbiotische Beziehung. Das heißt, das Kind beansprucht die Mutter sehr stark, will sie besitzen und sie mit niemandem teilen. Die Mutter darf nicht weggehen, das Kind will nicht von ihr entfernt werden, sie darf keinen Besuch empfangen, darf nicht telefonieren. Die Mutter muß all ihre Aufmerksamkeit dem Kinde schenken. Es gibt keine Mutter, die nicht früher oder später solch einem Kind gegenüber Antipathiegefühle entwickelt. Damit ist dann dem Kind auch noch die letzte Möglichkeit zu einem richtigen Kontakt mit einem Mitmenschen genommen.

Das Verschließen der Seelenhaut

Welche Bedeutung hat es, wenn ein Kind negative Bilder und ihre Inhalte mit sich herumträgt?
Wenn ein Bild sich einmal mit den unangenehmen, vergangenen Erfahrungen verbunden hat, ist es starr und statisch. Es ändert sich nicht mehr. Auf der Gefühlsebene ist es wie ein Dogma, wie eine starre Meinung. Auch wenn es auf dem Boden der Seele liegt, hindert und vergiftet solch ein Bild doch weiterhin das Seelenleben. Je verletzender der Inhalt, desto tiefer rutscht das Bild weg aus dem Bewußtsein des Kindes, es wird aus dem täglichen Leben verdrängt. Das Kind lebt jetzt mit halb oder völlig unbewußten, störenden Bildern. Diese Bilder sind angsterregend. Sie sind voller Trauer, Aggression, Angst, Haß und Ohnmacht. Und diese Gefühle, die aus ungeahnten Tiefen der Seele stammen, strömen ab und zu unaufhaltsam hinaus. Das Kind verhält sich dann unredlich. Es kann unmanierlich,

widerspenstig und rücksichtslos sein und verursacht, anscheinend ohne Grund, eine Menge Ärger.

Eigentlich ist das Kind selbst das erste Opfer dieser negativen Energie. Es wird von ihr überschwemmt und mitgezogen. So lernt das Kind, daß es sich selbst und der eigenen Seele nicht trauen kann. Im Innern lebt eine fremde Hexe, die alles und jeden verzaubern kann. Das natürliche Selbstvertrauen, die Annahme des eigenen Innern geht verloren. Das Kind traut zuerst sich selbst und nach kurzer Zeit auch anderen Leuten nicht mehr. Es wird dann die ganze Seele einsperren wollen. Die Angst vor all dem, was mit Gefühl zu tun hat, überstimmt das Vertrauen, womit ein Kind normalerweise aufwächst. Das Bedürfnis nach Abschirmung nimmt zu. Am Anfang steht die Angst vor wiederholten negativen Erfahrungen, danach kommt die Angst vor dem negativen Strom aus der eigenen Seele. Daraufhin wird die Seelenhaut noch weiter abgeschlossen.

Was bedeutet dieses Verschließen der Seelenhaut für das Kind?

Zum einen verliert das junge Kind die kosmische Seelennahrung und wird unsicher. Zum zweiten wird es unempfindlich für heilende, positive Handlungen aus seiner Umgebung; es läßt sich nicht mehr helfen. Zum dritten, und darin liegt der eigentliche Grund dafür, daß das Kind sich abgeschlossen hat, wird es immun gegen den Schmerz negativer Erfahrungen.

Wenn z. B. einem Kind von einem Elternteil häufig physischer Schmerz zugefügt wird, kann es demgegenüber schließlich gleichgültig werden. Es wird unempfindlich gegenüber neuem Schmerz, weil es sich abgeschirmt und gepanzert hat. Die Erlebnisse dringen nicht mehr bis zu der Schicht der Seele vor, in der ein Ereignis erfühlt wird, aus der heraus man lachen und weinen kann. Das Kind kann jetzt ohne oder zumindest mit weniger Angst und Schmerz leben. Es schützt sich selbst.

Die Ohnmacht der Eltern, die bemerken, daß ihr Kind »unerreichbar« geworden ist, verursacht oft Wut und Aggressionen. Die Folge ist, daß sich das Kind noch weiter abgrenzt. Die negative Spirale wächst sich aus.

Wird die Seelenhaut dicht gemacht, so führt das zu einem totalen oder partiellen Verlust der zwei großen pflegenden und heilenden Einwirkungen, die ansonsten dem heranwachsenden Kind zugute kommen. Der eine Einfluß kommt normalerweise aus der weisen Astralwelt, er stammt aus dem Vorgeburtlichen; der andere stammt von guten Menschen in der Umgebung des Kindes. Diejenigen, die vielleicht anfangs dem Kinde Schmerz zugefügt haben, die aber jetzt Liebe geben wollen, haben keine Chance mehr. Auch andere Menschen, die helfen oder heilen wollen, werden voller Mißtrauen auf Distanz gehalten.

Was ändert sich in dem Kind, wenn es sich von diesen beiden großen helfenden Wirkungen abgetrennt hat? Oft beobachtet man, daß es die Fähigkeit verliert, phantasievoll zu spielen. Auch verschwinden die innere Ruhe und Entspannung. Das Kind mag nicht allein sein, versteht sich aber nicht gut mit anderen. Es läßt sich nur mühsam trösten, es kann keine Hilfe annehmen. Es wird unempfindlicher, gleichgültiger gegenüber den Emotionen, die aus seiner Umgebung auf es zukommen. Es verhärtet.

Im Vergleich mit seinen Altersgenossen bleibt es emotional zurück. Es hegt noch kindliche Ängste, hat ein starkes Bedürfnis nachzuahmen und kann keine eigenen Entscheidungen treffen. So stark der Wille zu sein scheint, wenn das Kind sich den Erziehern widersetzt, so schwach ist sein Wille, wenn es von sich aus eine Aufgabe bewältigen soll. Plötzlich ist das gleiche Kind dann sehr abhängig und unsicher und läßt so seinen Mangel an Selbstvertrauen erkennen.

Manche Kinder reagieren allerdings völlig anders. Je nach Charakter und Temperament des Kindes kann sich die Verhärtung seiner Seelenhaut auch umgekehrt bemerkbar machen. Wenn sich das Kind hinter schützende Wände zurückzieht, kann es auch sehr oberflächlich werden, über alles hinweglachen oder alles verschenken, mit allem einverstanden sein. Das Kind spürt keine wirkliche Verbindung mehr mit seinen Gefühlen, und daher macht es sich aus nichts mehr etwas. Es lacht, ist aber nicht richtig beteiligt. Es verschenkt alles, gibt aber nicht wirklich etwas von sich selbst. Das Verhalten eines solchen Kindes ist nicht in Deckung mit seinem eigenen Zentrum. Alles ist unverbindlich.

Ein kurzes Beispiel: Man stelle sich ein Kind vor, das vielen Schikanen ausgesetzt ist. Nach einer gewissen Zeit schließt es sich ab. Wird es weiterhin rücksichtslos gehänselt, so wird es irgendwann selbst mitlachen, mit sich spielen lassen und somit sich selber auslachen. Es macht ihm nichts mehr aus. Es sieht so aus, als könne das Kind mit den Beleidigungen umgehen, aber in Wirklichkeit ist der Kontakt zwischen Kind und Außenwelt unterbrochen. Die Verbindung zum eigenen Innern, das verletzbar ist, existiert nicht mehr.

Was passiert mit den Eltern?

Das Kind benimmt sich schwierig und ist seiner Umgebung gegenüber unempfindlich. Es lehnt die Eltern ab oder nimmt sie nicht ernst, es läßt alles an sich abgleiten und lächelt noch dabei. Dann ist die große Frage: Wie lange können die Eltern oder die anderen Erzieher das aushalten?

Wenn die Erzieher innerlich warm und reich sind und über eine gute, atmende Seelenhaut verfügen, dann halten sie diesen »Einbahnstraßenverkehr« oft sehr lange aus. In ihrer großen Liebe, Treue und Sorge laden sie das Kind immer wieder ein, sich zu öffnen, wieder Kontakt zur Umgebung aufzunehmen. Selbstverständlich besteht die Hoffnung, daß das Kind irgendwann darauf eingeht. Geschieht dies, so hat die Liebe gesiegt!

Aber leider müssen sich die Eltern selbst oft genug mit ihrer eigenen, mehr oder weniger verkrampften Seelenhaut auseinandersetzen. Das Verhältnis zwischen innen und außen ist sehr empfindlich und verletzlich, und so verstecken sich die Eltern nur allzu leicht hinter einer dicken Haut. Ohne es zu wollen, verhärten sie im Umgang mit dem Kind, das ihnen so viele Schwierigkeiten macht. Sie können nicht anders. Die einzige Möglichkeit, sich vor dem Verhalten ihres Kindes zu schützen, liegt in der Absperrung der eigenen Seelenhaut. Sie strahlen dann Antipathie aus, und sofort zieht sich das Kind noch weiter zurück. Die Situation verfestigt und verschlimmert sich. Da erleben wir dann Eltern und Kinder, die in einen Machtkampf verwickelt sind und füreinander unempfindlich werden; oder aber wir beobachten Eltern und Kinder, die gleichgültig nebeneinanderher leben und einander am liebsten aus dem Weg gehen.

Diese Familien sind meistens auf Hilfe von außen angewiesen, es sei denn, daß ein Elternteil, herausgefordert durch eine eskalierende Situation, plötzlich einen inneren Wandel vollzieht. So jemand steht dann vor der gigantischen Aufgabe, sich selbst mit Schmerz und Mühe zu einem gesünderen Menschen umzubilden und zugleich dem eigenen Kind bei einer solchen Umbildung behilflich zu sein. Immer wieder gelingt es Eltern, durch die starke Liebe zu ihrem Kind, so etwas zu leisten. Sie verdienen jede denkbare Unterstützung, die gegeben werden kann.

Verbindungsprobleme

Wenn die Seele des Kindes zu früh oder zu stark abgeschlossen wird, bleibt das Kind innerlich arm und unentwickelt, denn durch die Blockade gegenüber den unangenehmen Erfahrungen werden auch erwärmende und bereichernde Erfahrungen nicht mehr aufgenommen. Dem heranwachsenden Kind fällt es in jeglicher Hinsicht schwer, sich mit der ihm umgebenden Welt zu verbinden. Es entstehen Verbindungsprobleme mit den Eltern, mit den Geschwistern, mit den Freunden, mit den Lehrern etc. Es kann sogar auch in Sachen Ernährung zu ähnlichen Verbindungsschwierigkeiten kommen. Manche Kinder haben Durchfall, andere Verstopfung. Wenn Kinder sich auch in der Schule abgeschirmt haben, fällt es ihnen schwer, sich mit den Lerninhalten zu verbinden. Sie verstehen zwar, was der Lehrer sagt, aber am nächsten Tag haben sie alles vergessen. Das Gehörte geht zum einen Ohr hinein und zum *selben* wieder hinaus!

Normalerweise verbindet ein Mensch sich auch mit den Tieren, den Pflanzen und später mit der Gesellschaft, mit der Umwelt. Das in sich eingesperrte Kind entwickelt kein Gefühl für die Welt um es herum, es hat kein Herz für das, was lebt.

Der Astralleib ist der Vermittler, der »Verbindungsmann«. Wenn das Kind die Seele abschirmt, kann sich der Astralleib nicht richtig entwickeln. Er bleibt arm und unterentwickelt. Wenn sich der Astralleib nicht auf normale Art mit dem heranwachsenden Menschen verbinden kann, wenn ihm keine Nahrung zukommt in Form von warmer Anteilnahme, lebendigen Gefühlen und reichen Inhalten, dann entstehen Verbindungsschwierigkeiten. Das größte Verbindungsproblem liegt jedoch darin, daß das Kind keine richtige Beziehung zu seinem eigenen Leben, zu seiner eigenen Aufgabe, zu seinem eigenen Ich aufbaut. Denn gerade durch eine gute Beziehung zum eigenen Ich werden viele wichtige Voraussetzungen für ein gesundes, erwachsenes Leben geschaffen. Ohne diese gute Beziehung ist die Entwicklung der eigenen Identität gefährdet. Das kann einen Mangel an Selbstvertrauen, an Begeisterungsfähigkeit, an innerem Mut, an Kreativität bedeuten. Eine andere Folge ist das Unvermögen, sich und anderen treu zu sein. Hier gibt es viele Irrwege, und der junge Mensch bemerkt oft erst sehr spät, daß es sich um Irrwege handelt.

Unter einer verhärteten Seelenhaut entsteht keine Sympathie und später auch keine Liebe. Das Kind wird physisch größer, aber seelisch bleibt es klein, kalt, allein und unterernährt. Die Fähigkeit, Widerstand und Trauer zu verarbeiten und in eine positive Kraft zu verwandeln, wird oft nur spärlich oder gar nicht ausgebildet. Die Seele kann dann ihre eigentliche Aufgabe nicht erfüllen. Wenn nichts geschieht, wird man unter Umständen beobachten, daß solch ein Kind zu einem sehr egozentrischen Menschen heranwächst oder umgekehrt zu einem Menschen, der alles geschehen läßt, der alles weggibt, ohne selbst beteiligt zu sein. Aus einer starken inneren Armut heraus saugt ein solcher Mensch als Erwachsener alle Wärme seiner Umgebung auf, ohne selbst etwas zu geben. Die aufgenommene Wärme hilft ihm jedoch nicht, weil sie nur oberflächlich die Seele berührt, und schon nach kurzer Zeit bleibt nichts mehr übrig. Diese Menschen haben gewissermaßen einen behinderten Astralleib. Wie manche Körperbehinderte sind sie oft recht unselbständig.

Viele Erwachsene kennen dieses düstere Bild. Nicht selten gleicht es jemandem, den man kennt, manchmal der eigenen Person, oder aber einem Verwandten, einem Freund, einem Kollegen. Die Verbindungsprobleme bleiben bestehen. Sie machen sich im Zwischenmenschlichen, bei der Arbeit und im Umgang mit ihren Kindern geltend. Das unverstandene, innere Hindernis übt noch immer einen störenden Einfluß aus, oft so lange, bis durch viel Leid und Enttäuschungen Selbsterkenntnis entsteht. Dann kann solch ein Mensch den langen Weg zu einer inneren und äußeren Lebenshaltung antreten, die offener und ganzheitlicher ist.

Manchmal geschieht es, sowohl bei Erwachsenen wie bei Kindern, daß sie einen solch extremen Schock erleiden, daß die Seelenhaut sich mit einem Male schließt. Früher war das zum Beispiel bei Kriegserlebnissen der Fall, heutzutage geschieht dies oft bei Verkehrsunfällen, beim Tod eines geliebten Menschen oder des eigenen Kindes.

Gesunde Erwachsene brauchen in solch einem Fall Zeit und Ruhe, um das verlorene Gleichgewicht wiederherzustellen. Sie haben einen Schock erlitten und wissen, wie der Schock entstanden ist. Doch nur selten machen wir uns klar, wie gefangen ein Mensch in der Abgeschiedenheit seiner Seele sein kann. Es braucht viel Geduld und Einsicht, viel Liebe und Treue, damit die Seelenhaut sich wieder entspannen kann.

Zwei Kindertypen

Von vielen Kindern, die bei mir zu einer Therapie angemeldet werden, heißt es, sie haben ein »zurückhaltendes Ich«. Es sind Kinder, die die Geburtswehen gewissermaßen verschlafen haben. Bei anderen ist genau das Gegenteil der Fall. Bei ihnen wirkt das Ich so stark in die drei anderen Wesensglieder hinein, daß das Kind sich hierdurch abschließt und vorzeitig eine Seelenhaut bildet.

Beide Kindertypen haben im Grunde zu wenig Selbstvertrauen. Sie können beide aktiv oder passiv aus ihrer Ich-Verfassung heraus reagieren.

Kinder, die die Ich-Geburtswehen verschlafen haben

Diese Kinder nehmen der Außenwelt gegenüber keine Position ein, sie sind wetterwendisch wie Kleinkinder. Da sie den Ich-Impuls verschlafen haben, bleiben sie im Vergleich zu ihren Altersgenossen innerlich zurück. Ihr Ich macht sich nicht deutlich genug geltend, und so bleibt die Seele mehr träumend. Eine Folge davon, daß der Ich-Impuls verschlafen wurde, besteht darin, daß diese Kinder viel langsamer eine Seelenhaut bilden. In einem Alter, in dem andere Kinder sich schon längst selbst etwas abschirmen können und den Unterschied zwischen innen und außen kennen, verfügen sie noch nicht über eine Seelenhaut und können folglich auch nicht zwischen den anderen und sich selbst unterscheiden. Alles geht noch durch die Seele hindurch. Diese Kinder sind aufgrund ihrer Offenheit stark beeinflußbar. Meist haben sie viele Freunde, und man findet sie süß, lustig, lebendig. Sie beteiligen sich an allem und sind sehr begeisterungsfähig.

Bis zum zehnten Lebensjahr sind sie oft sehr beliebt, aber wenn dann Selbständigkeit, eigene Entscheidungen und Willenskraft von ihnen verlangt werden, müssen sie passen. Auch in der Schule bleiben sie zurück. Die Hausaufgaben werden nicht erledigt, und es fällt ihnen überhaupt schwer, ihre Aufgaben zu bewältigen. Wenn sie irgend etwas nicht verstehen, verlieren sie leicht jegliches Interesse. Schwierige Rechenaufgaben offenbaren gnadenlos ihre Schwächen. Der lustige Gefährte, das offene, verspielte Kind wird jetzt als lästig und ungezogen erlebt, weil es für die Eltern so unfaßbar ist. In ihren ersten Lebensjahren erfüllen solche Kinder oft die Wünsche und Bedürfnisse ihrer Umgebung. Sie leben nicht für sich selbst, sondern für die anderen. Selbstverständlich geht dies auf Kosten ihrer eigenen Entwicklung.

Was für Signale geben solche Kinder?

Auf den ersten Blick sind sie nicht sehr aggressiv oder problematisch. Aber sieht man genauer hin, bemerkt man, daß diese Kinder nicht wirklich glücklich sind, obwohl sie viele Freunde haben, sich fröhlich gebärden und in allem mitziehen. Wenn man ihnen nähersteht, erkennt man, daß etwas nicht ganz stimmt. Oft sind es die Mütter, die solch ein Kind zur Therapie anmelden, obwohl ihre Umgebung behauptet, daß sie sich keine Sorgen zu machen bräuchten, weil alles doch prächtig laufe. Man ist der Meinung, daß die Unruhe des Kindes sich von selbst legen wird.

Erzieher, die dem Kinde nahestehen, sich wirklich betroffen fühlen, spüren deutlich, daß dem Kind etwas fehlt, daß es nach etwas fragt, daß es sich nicht harmonisch entwickelt.

Wird diesem Kind nicht geholfen, wird es nicht dazu angeregt, mit seinem Ich das eigene Leben in den Griff zu bekommen, so geht es mit einer fadendünnen Seelenhaut in die Pubertät. Und dann macht sich nicht nur die Mutter Sorgen. Alle Erzieher werden spätestens dann mit dem unangepaßten Verhalten des Kindes konfrontiert und müssen jetzt einen Ausweg suchen.

Die Pubertät ist das Seelenalter par excellence. In dieser Zeit wird der Astralleib geboren, und er umhüllt sich mit der Seelenhaut, die dann eine definitivere Form anstrebt. Was passiert, wenn das Kind ohne ausreichenden Schutz in die Pubertät kommt? – Es gibt zwei mögliche Reaktionen: die aktive und die passive. Zuerst werden wir versuchen, ein Verständnis für die aktiv reagierenden Kinder zu entwickeln.

Kinder, die aktiv reagieren

Die großen Emotionen, denen der Jugendliche während der Pubertät ausgeliefert ist, gleichen einem Meer. Mal ist es freundlich und einladend, mal ist es bedrohlich und unheilbringend. Der junge Mensch durchlebt sehr viel. Grenzen werden durchstoßen, Werte verworfen, neue Werte erobert. Verliebtheit, Begierden, Träume und verschiedene andere astralische Äußerungen drängen nach außen.

Wenn ein Kind mit zu dünner Seelenhaut in diese Phase kommt, dann ist es, als würde es mit einem kleinen Ruderboot aufs aufgewühlte Meer hinausfahren. Wenn gute Freunde kommen, zieht es mit diesen mit. Wenn schlechte Freunde, mit abwegigen Vorschlägen kommen, dann zieht es auch mit jenen mit. Es wird kein Unterschied gemacht, alles dringt in die Seele ein und wird geäußert.

Oft bringt das die Eltern zur Verzweiflung. Das Kind macht schöne Versprechungen, aber am nächsten Tag schwänzt es wieder die Schule, stiehlt, bleibt nächtelang aus, trinkt oder gibt sich anderen wenig erhebenden astralen Genüssen hin!

Spiel- und Erzähltherapie kommen hier zu spät. Das Leben selbst ist dann das große Bilderbuch. Der Erzieher, der diese bizarre Reise aushält und imstande ist, dem Kind beizustehen, trotz allen Unfugs, der hat eine Chance, das andere Ufer zu erreichen. Durch diese Jugendstürme, durch die Risiken, die das Kind eingeht, durch das Leiden, das es anrichtet und selbst erfährt, entwickelt es dennoch – wenn auch verspätet – eine Seelenhaut. Der persönliche Alptraum läßt das Kind zuletzt die Grenze zwischen sich und den anderen spüren. Wenn alles gut geht, dann entwickelt sich daraus ein frischer, junger Mensch, der spät und unter erschwerten Bedingungen, aber dennoch rechtzeitig, gelernt hat, seinen Seelenleib zu umschließen.

Leider aber gelingt dies nicht immer. Denn oft zeigen die Eltern kein Verständnis. Die Jugendlichen werden abgewiesen. Die Lehrer schicken sie von der Schule, in der sie ohnehin zu selten erschienen. Die offiziellen Instanzen reagieren starr und unflexibel.

Ich plädiere dafür, daß Kinder, die dieses schwierige Nachholmanöver durchzumachen haben, einen Helfer bekommen, einen Menschen, der sie unter allen Umständen begleitet. Das kann lebensnotwendig sein.

Kinder, die passiv reagieren

Kinder, die während ihrer Entwicklung erfahren, daß sie das Leben nicht richtig bewältigen können, weil sie auf ihre Ich-Geburtswehen nicht entsprechend reagiert haben, können sich auch ganz anders verhalten. Manche geben schon von vornherein auf. Sie sehen keinen Ausweg und werden träge, leer und apathisch. Sie interessieren sich für nichts, sie packen nichts an. Besonders Mädchen fallen dann leicht der Magersucht, der *anorexia nervosa* zum Opfer. Der zarte und schwächliche kindliche Körper, den sie nun erleben, paßt zu ihrem inneren Gefühl der Unsicherheit. Sie ziehen sich in eine kindliche Welt zurück, aus Angst, die Lebensaufgaben eines Erwachsenen nicht bewältigen zu können.

Oft sind diese Kinder zu sehr verwöhnt worden. Man vergaß gewissermaßen, sie um etwas zu bitten, etwas von ihnen zu verlangen. Der Prozeß des Abschirmens braucht auch Antipathie. Wenn zu wenig Antipathie erlebt wird, wenn alles immer »lustig« ist und Spaß macht, warum soll man sich dann abschirmen? Alles wurde ihnen recht gemacht, und dadurch haben sie viel zu selten erfahren, daß sie Probleme überwinden lernen müssen.

Ganz gleich ob ein Kind aktiv oder passiv auf seine Probleme reagiert, die durch das Verschlafen der Ich-Geburtswehen entstehen – immer liegt seinem Verhalten ein Mangel an Selbstvertrauen als Folge eines Mangels an Selbstgefühl zugrunde. Solche Kinder wissen nicht, wer sie selbst sind, und schlüpfen in unterschiedliche Rollen. Es kann sein, daß sie sich zusammenreißen, wenn sie, vielleicht mit der Hilfe eines Erwachsenen, herausbekommen, was für sie selbst spezifisch oder typisch ist, was also ihre eigene Individualität ausmacht.

Kinder, deren Ich-Geburtswehen extrem stark eingreifen

Mir begegnen auch oft Kinder, die sehr früh und sehr stark ihr Ich in das Irdische eingreifen lassen. Wenn die Ich-Geburtswehen einsetzen, ändern sie sich schnell und radikal. Sie verschlafen die Ich-Geburtswehen nicht, sondern wachen auf und bleiben wach. Sie machen sehr früh den Eindruck, »alt« zu sein, und sie reagieren auch wie Ältere und selbständiger als ihre Altersgenossen. Da sie schneller heranreifen, schließt die Seelenhaut sich früher ab. Damit schützen sie sich selbst gegen Eindrücke, die von außen kommen. Sie sperren die Tür frühzeitig ab, was allerdings auch bedeutet, daß sie noch nicht genug inneren Reichtum angesammelt haben. Innerhalb ihres »Hauses« bleiben sie arm und unterernährt. Sie können nur mühsam verarbeiten, was ihnen geschieht, nicht weil sie zu viele Unannehmlichkeiten erlebt haben, sondern weil sie sich innerlich verkrampfen und weil es ihnen an innerer Beweglichkeit fehlt.

Solch ein Kind ist recht unnahbar. Es knüpft nur mühsam Kontakte, es stellt sich hart und entschlossen gegen das, was man ihm sagt. Gutgemeinte Worte gleiten sehr oft an seiner verhärteten und zu dicken Seelenhaut ab. Aber wenn sich solche Kinder einmal mit irgend etwas wirklich verbinden, dann gestalten sie es mit großer Willenskraft. Was sie wollen oder nicht wollen, ist deutlich erkennbar. In ihren Gewohnheiten und Meinungen können sie schon in einem sehr jungen Alter sehr beharrlich und starr sein. Ihren Halt finden sie in dem, was feststeht, und nicht in dem, was lebendig und beweglich ist. Wenn sie zudem intellektuell begabt sind, können sie zu kleinen Despoten werden. So wie Napoleon im Rußlandfeldzug seine ganze Armee in einen Hungerwinter schickte, so sind diese Kinder empfindlich für den eigenen Willensimpuls, aber unempfindlich für dessen Folgen für andere.

Kinder, die passiv reagieren
Wenn diese Kinder in die Pubertät kommen, sind sie früh selbständig und verlassen das Haus ihrer Eltern oder wohnen zu Hause sozusagen nur noch zur Miete. Eigentlich lassen sie die Pubertät aus. Sie studieren mit Hingabe, sind aber oft einsam oder haben nur einen Menschen, mit dem sie sich verbunden fühlen. Die Person wird dann auf ein Podest gestellt, bis sich herausstellt, daß es sich auch nur um einen ganz normalen Menschen handelt. Ihre etwas künstliche, starre Welt stürzt dann ein, und sie schließen sich dann nur noch stärker in ihre Elefantenhaut ein. Sie haben wenig Sinn für Humor, sind nicht sehr sozial, aber sehr konsequent und früh erwachsen.
In diesem Alter kommen sie selten noch in eine Therapie, weil ihnen ja scheinbar auch nichts fehlt, und im übrigen würde es ihnen auch nicht gefallen, einen wildfremden Menschen an ihren inneren seelischen Auseinandersetzungen teilhaben zu lassen! Nur selten gelingt es einem Erzie-

her oder Therapeuten jetzt noch, ein Löchlein in die dicke Hautschicht zu bohren, um der Seele zu reicherem Leben zu verhelfen. Gelingt dies jedoch, so freuen diese Jugendlichen sich sehr und entfalten sich ganz allmählich.

Oft auch passen sich solche Kinder sehr stark an die Werte ihrer Umgebung an, weil sie in ihrer inneren Leere nur schwer zu einem eigenen Urteil kommen.

Kinder, die aktiv reagieren

Es kann aber auch umgekehrt sein: Je nach Temperament kann es passieren, daß diese Kinder alle Werte verwerfen und sich *gegen* alles wehren. Aus dem Unvermögen, etwas zu finden, *wofür* sie kämpfen können, richten sie ihre gesamte Kraft auf etwas, gegen das sie kämpfen können. Als junge Kinder sind sie dann sehr starrsinnig und eigenwillig. Wenn sie erwachsen sind, fallen sie durch das wiederholte inhaltslose »Nein« gegen alles und jeden auf.

Der Mangel an Selbstvertrauen bei diesen ich-starken Kindern gründet in einer Seelenarmut. Sie kennen nur ihre eigenen Gefühle, die der anderen sind ihnen fremd. Sie wirken sehr individuell, doch fehlt ihnen ein echter Inhalt, weil sie sich nicht oder nur schwer mit Menschen oder mit der Welt verbinden können. Instinktiv ist ihnen klar, daß ihnen hier etwas fehlt und daß sie sich im Leben leicht verirren können. Daraus resultiert ein Mangel an Selbstvertrauen, der aber sehr geschickt hinter äußerem Tand und einer Fassade verborgen wird.

Jedoch will eigentlich jedes Kind seine Wesensglieder vervollkommnen, so daß sie richtig zu seinem Ich und zu seiner Aufgabe in dieser Welt passen. Diese Neigung ist so stark, daß Kinder während ihrer Entwicklung fortwährend Signale über den Verlauf dieses Prozesses aussenden.

Als Erwachsener kann man diese Signale leicht verkennen, aber es ist wichtig, daß man unterscheiden lernt zwischen den Kindern, die sich zu stark abschließen, und denen, die endlos lange offenbleiben. Erstere können gewalttätig sein, sie machen Unfug, randalieren, haben eine ausgeprägte Kampfeslust und machen in der Schule Radau. Die Kinder mit einer offenen und unfertigen Seelenhaut geben viel subtilere Signale. Echte, auffällige Probleme können sich schon im Alter von drei Jahren zeigen. Oft jedoch treten die Probleme erst nach der Grundschule auf, dann nämlich, wenn sie viel erleben, aber es nicht verstehen. Sie wundern sich dann häufig selbst über die Problemsituationen, in die sie fortwährend geraten.

Kinder, die die Seelenhaut schnell verschließen, haben oft eine Aversion gegen alle seelischen Aktivitäten. Künstlerisches Tun oder die Beschäftigung mit Geschichten empfinden sie als langweilig, als Zeitverlust.

Wieso können Kinder so verschieden sein?

Jedes Kind bringt andere Kräfte in das Erdenleben mit. Manche Kinder werden als starke Ich-Menschen geboren. Von pädagogischer Seite her kann man diese Kinder mit dem Bewußtsein für die positive Seite ihrer Kräfte und für ihre Schwächen begleiten, auch sollte man wissen, wo die Risiken liegen.

Das gleiche gilt für die offenen Kinder. Sie bringen oft große Seelenfähigkeiten mit und verfügen über ein ausgeprägtes Einfühlungsvermögen, aber als Erzieher soll man sich darüber im klaren sein, daß diese Kinder dazu neigen, die abgrenzenden Kräfte zu wenig zu entwickeln.

Wer kann genau sagen, warum ein Kind nun mit diesen oder jenen Begabungen und Schwächen geboren wurde? Es ist vielleicht gut, daß diese Frage meistens unbeantwortet bleibt. Ein liebevoller Blick kann allerdings die besonderen Möglichkeiten und Aufgaben eines heranwachsenden Kindes erkennen.

Offene Kinder rufen in einer lieblosen Umgebung oft einen Strom der Gefühle hervor und bringen gewissermaßen neues Leben. Inmitten von starren Verhaltensmustern, intellektueller Dürre und Dogmatismus fordern sie die Menschen ihrer Umgebung heraus, frisch zu denken und heiter zu genießen. Manches Kind, das so aufwuchs, mußte lange für seine Eigenheit kämpfen, aber ließ auch die Mitmenschen sich selbst neu finden.

Verschlossene Kinder können die Menschen in ihrer Umgebung dazu bringen, ihre Lebenshaltung zu verändern. Ohnmacht, Opfergefühle, Selbstmitleid, alle kritiklos akzeptierten Grenzen werden von dem Kind hinterfragt. Aus dem eigenen Gefängnis heraus ruft es nach Freiheit. Das kann auf engagierte Erzieher so wirken, daß sie sich selbst befreien und vermeintliche Grenzen ihres Könnens überschreiten.

Wie können wir helfen?

Für die ich-starken Kinder ist es wichtig, der Seele Raum zu geben, bei den ich-schwachen gilt es, die Seele in ihrem Raum zu halten!

Während das ich-schwache Kind nach Grenzen verlangt, die vom Ich der Menschen in seiner Umgebung gezogen werden, sehnt sich das ich-starke Kind nach dem Leben und der Freiheit der Seele der Mitmenschen!

Man kann zu prüfen versuchen, ob die eigenen Kinder zu einem der beiden geschilderten Typen gehören. Doch allein schon das Wissen um diese Verhältnisse und das innere Begreifen derselben sind sehr wichtig. Für die Erziehung gilt vor allem, daß der Erzieher »am Ball bleiben« muß, sowohl physisch wie auch innerlich.

Therapie ist manchmal notwendig, um dem Kind, das zu offen geblieben ist, einen zusätzlichen Halt zu geben, oder um einen Zugang zu dem Herzen und der Seele des Kindes, das sich zu früh und zu sehr verschlossen hat, zu finden.

Teil II

Therapie als Hilfe

Aktive Bildtherapie

Eltern melden ihr Kind aus verschiedenen Gründen zu einer Therapie an. Die meisten Kinder kommen jedoch deshalb zu einer Therapie, weil sie bestimmte Erlebnisse in der Vergangenheit nicht verarbeitet haben und nun dauerhaft gestört sind. Wenn es in der Gegenwart keinen Grund mehr gibt für ihre Ängste und Aggressionen, dann ist eine Therapie angezeigt. Zumindest wenn die normale Zuwendung und Liebe der Eltern und der Lehrer nicht ausreicht, um ihnen bei der Verarbeitung der Erlebnisse zu helfen.

Es ist also sehr wichtig, sich zu fragen, ob die Ursachen der seelischen Not des Kindes in der Vergangenheit oder in der Gegenwart liegen. Wenn es eindeutig ist, daß die Ursache in der Vergangenheit zu suchen ist, dann ist es an der Zeit, dem Kind eine Therapie zu ermöglichen. Wenn die Ursachen in der Gegenwart oder sowohl in der Gegenwart wie in der Vergangenheit liegen, dann muß auch eine Lösung für die aktuellen Probleme gesucht werden.

Kinder, die zum Beispiel Opfer von Mißbrauch sind, sollten erst in eine Therapie gegeben werden, wenn dieser Mißbrauch beendet ist. Sonst ist die Therapie sinnlos. Sie mißlingt, oder sie beraubt das Kind eines Panzers, den es noch sehr nötig braucht.

An zweiter Stelle kommen solche Kinder in die Therapie, bei denen sich ein Entwicklungsrückstand zeigt. Manchmal sind es auch Kinder, die sich – meistens einseitig – zu schnell entwickelt haben, die zu früh »alt« werden.

An dritter Stelle kommen die Kinder, die von ihren Eltern nicht verstanden werden, weil sie anders sind als ihre Umgebung. Diese Kinder bleiben meistens nicht lange in Therapie, nämlich nur so lange, wie der Therapeut braucht, um das Kind verstehen zu lernen und um das Verhältnis zwischen Kind und Eltern zu verbessern.

Es gibt auch eine große Gruppe von Kindern, die in Therapie sind, weil sie Verhaltensstörungen, für die es keine erkennbaren Ursachen gibt, aufweisen. In dieser Gruppe findet man die Kinder, die entweder viel zu offen sind oder die sich zu früh verschlossen haben (siehe voriges Kapitel). Hierzu gehören auch die Kinder, die auf Schwierigkeiten der Eltern ansprechen: Wenn ein Elternteil sich in einer Phase innerer Nöte befindet, dann legt das Kind das entsprechende Verhalten an den Tag. Es gibt seiner Umgebung Signale. Innerhalb dieser Gruppe gibt es außerdem auch solche Kinder, die nicht zu der für sie passenden Schule gehen, die einen anderen pädagogischen Ansatz brauchen, die eine versteckte Nahrungsmittelallergie haben etc.

Es gibt auch Fälle, in denen die Eltern ihre Kinder zu einer Therapie anmelden, weil sie sich unsicher sind. Die Therapie des Kindes ist in solchen Fällen oft weniger wichtig als die Tatsache, daß man dafür sorgt, daß die Eltern sich verstanden und unterstützt fühlen, daß man mit ihnen über die konkrete Erziehungssituation, mit der sie Schwierigkeiten haben, spricht.

Und schließlich gibt es die Kinder, die keine Verhaltensstörungen aufweisen, aber dauernd viel erleiden müssen: Kinder, die fortwährend irgendwelchen Schikanen ausgesetzt sind, die leichte Behinderungen haben, wodurch sie ihr Selbstvertrauen zu verlieren drohen; Kinder, die ein Elternteil durch Scheidung oder Tod verloren haben etc. Sie werden von Erziehern angemeldet, die bemerken, daß das Kind zusätzliche Unterstützung braucht, um sich sicherer zu fühlen oder um sich wieder innerlich aufzurichten.

Zusammenfassend kann man sagen, daß man ein Kind zur Therapie anmeldet, wenn die eigenen Lösungsansätze nicht

ausreichen und man sich im klaren darüber ist, daß etwas
außer der Reihe dem Kind (und/oder einem selbst) zuliebe
geschehen muß.

Therapieformen

Wie die aktive Bildtherapie in der Praxis aussieht, wird auf
den nächsten Seiten erklärt. Zunächst möchte ich die verschiedenen Formen, die eine Therapie annehmen kann, beschreiben.
Es gibt in der Hauptsache drei Methoden, die je nach Alter
und Art des Kindes zum Einsatz kommen können. Es sind
drei verschiedene Kanäle, durch die die Bilder ein- und
ausströmen können. Die Methode muß maßgeschneidert
sein, weil nicht das Kind sich der Therapie anpassen soll,
sondern die Therapie versuchen muß, den geeignetsten Ka-
nal des Kindes zu finden. Die drei Hauptkanäle sind: das
Spielen, das *Erzählen* und das *Malen*.
Außerdem gibt es natürlich das persönliche Gespräch zwischen dem Kind und dem Therapeuten. Dabei kann zum
Beispiel ein warmes Interesse für den Alltag des Kindes
gezeigt werden. Zur Ergänzung wird manchmal gemalt
oder eine Körperübung eingebaut. Da die drei genannten
Kanäle einen sehr direkten Zugang zu den tieferen Seeleninhalten ermöglichen, sind sie das Kernstück, das Herz der
Therapie.

Es gibt viele Therapieformen, in denen der Mensch dazu
gebracht wird, innere Bilder zu erleben und zu äußern. Das
kann selbst schon befreiend und bereichernd sein, aber die
wirkliche Heilung von Störungen wird oft dem Vermögen
der Seele, sich zu regenerieren, überlassen. Das kann berechtigt sein, weil bei Entspannung starke, natürliche Heil-
kräfte im Menschen freigesetzt werden. Es gibt aber auch

Menschen, die durch ihre verhärtete Seelenhaut und ihre gestörten, inneren Bilder diesen Heilkräften gegenüber verschlossen bleiben. Die aktive Bildtherapie kann in solchen Fällen mehr bewirken. Sie verlangt vom Therapeuten ein aktives Bemühen um den Menschen. Die Heilung wird nicht einfach der Seele des Kindes überlassen, sondern die seelische Kraft des Therapeuten wird – mit Hilfe von Bildern – dazu eingesetzt, die Seele des Kindes zu erreichen und bei der Genesung zu helfen. In der aktiven Bildtherapie braucht das Kind nicht alles selbst zu leisten, sondern ihm wird wirklich geholfen.

Aktive Bildtherapie ist keine Verhaltenstherapie, die das Benehmen des Kindes maßregelt. Nicht die Symptome werden bekämpft, sondern die tieferliegenden Ursachen werden in Angriff genommen. Wenn diese enträtselt und gelöst sind, kommt es oft zu spontanen Verhaltensänderungen. Oft reicht auch schon ein zarter Hinweis aus. Symptome können verschwinden, wenn die zugrundeliegenden Ursachen beseitigt sind.

Spieltherapie

Für eine Spieltherapie, ist es sicher entscheidend, wie weit das Kind in der Lage ist und sich traut, beim Therapeuten zu spielen. Ein Gefühl von Vertrauen ist in jeder Beziehung wichtig, erst recht jedoch in einer therapeutischen. Manche Kinder können gar nicht spielen, sie haben es verlernt oder haben es nie gemacht. Es gehört dann zur ersten großen Aufgabe der Spieltherapie, das Kind mit ausgewählten, geschmackvollen Spielsachen dazu zu bringen, allein oder mit dem Therapeuten spielen zu lernen. Vertrauen ist dazu unentbehrlich.

Anfangs wird sich das Spielen oft auf das Schaffen einer Spielsituation beschränken. Es wird ein Wald, ein Haus, ein

Strand oder eine Schule kreiert, aber es geschieht noch nichts. Trotzdem kann aus dem Wie und dem Was des Schaffens schon sehr viel deutlich werden. Die Kinder sind stolz auf ihre Schöpfung und zeigen sie anschließend den Eltern. Erst später geschieht auch etwas in dem Wald oder in dem Haus. Tiere fliehen zum Beispiel vor dem Drachen, oder Kinder verirren sich.

Selbstverständlich gibt es auch Kinder, die sich sofort des ganzen Zimmers bemächtigen, den Therapeuten vergessen und die ganze Zeit mit einem strömenden, phantasievollen Spiel ausfüllen. So viele Kinder es gibt, so viele Spielarten gibt es auch.

Im Schaffen und Spielen entstehen Bilder von Phantasiesituationen. Woher kommen diese Phantasien, diese Bilder? Sie kommen aus der eigenen Seele des Kindes, auch wenn sie aus der Umgebung, vom Fernsehen oder aus einer Geschichte übernommen sind. In dem Augenblick sind sie Inhalte des kindlichen Seelenlebens. Sie berichten von der seelischen Geschichte des Kindes. Somit gilt: Wer Ohren hat zu hören und Augen hat zu sehen, der kann das Kind in seiner eigenen Sprache verstehen.

Die Spieltherapie setzt sich aus drei Phasen zusammen: der Anfangsphase, worin das Herantasten und die Diagnose im Vordergrund stehen, der mittleren Phase, in der das therapeutische Eingreifen eine zentrale Bedeutung hat, und zum Schluß der Endphase, in der ein verantwortungsbewußtes Loslösen das Ziel ist.

Erste Phase

In der Anfangsphase ist noch alles möglich. Hier geschieht die Spurensuche nach dem Unbekannten. Gewiß gibt es Vorinformationen aus dem Aufnahmegespräch mit den Eltern, und der Therapeut verfügt über entsprechende Erfahrung. Trotzdem sollte er oder sie völlig vorurteilslos sein. Jedes Kind ist einmalig, jedes Kind hat seine *eigene* Seele entwickelt, und die ist genauso einmalig wie der physische Körper. Wer einem Kind gerecht werden will, muß sich immer im klaren darüber sein, daß die Störung im Entwicklungsgang des einen Kindes nie identisch ist mit der bei einem anderen Kind. Trotz Ähnlichkeiten sind störende Bilder immer anders, sie passen zu der Seele dieses einen Kindes, und dahinter verbergen sich die Erfahrungen eben dieses besonderen Kindes. Der therapeutische Umgang mit der Bildersprache eines individuellen Kindes soll von Anfang an *Maßarbeit* sein. Therapeut und Kind betreten stets Neuland.

Zweite Phase
In bezug auf die zweite Phase lassen wir die Praxis sich selbst erklären.

In einem der vorigen Kapitel war die Rede von einem Kind, das früher sehr lange Zeit in einem Gipsbett liegen mußte, und später wußte niemand, warum es bei dem Kind zu Entwicklungsstörungen kam.

»Der König war zur Besuch in einem Schloß«, erzählt dieses Kind während des Spiels, »und es gab ein großes Fest. Aber plötzlich kam ein böser Zauberer. Es wurde dunkel, und die Leute schliefen alle ein!« Daraufhin spielt das Kind: »Und alle wachten später wieder auf, nur der König nicht, der schlief und schlief weiter; er wurde nicht wach. Die Menschen lebten in Not und baten ihn um Rat, aber er schlief weiter ...«

In diesem, von dem Kind selbst hervorgebrachten Spiel liegt ein deutlicher Hinwies darauf, daß der führende, Verantwortung tragende Teil »eingeschlafen« ist. Dieser Teil ist apathisch geworden und in dem Moment stehengeblieben, in dem der Gesamtstillstand, der Schlaf der anderen, wieder aufgehoben wurde. Dies ist ein Hinweis auf die Zeit, zu der das kleine Kind »zum Stillstand kam«.

Der Therapeut sucht nach einem geeigneten Bild, einer Spielmöglichkeit als therapeutischem Ausgangspunkt für diese Situation. Der König muß schließlich noch immer geweckt werden! Der Therapeut oder die Therapeutin erzählt, davon daß das Land immer mehr in Not lebt und wie sieben Waldzwerge ein geheimnisvolles Getränk aus Wurzelsaft und Eisenelixier brauen. Er oder sie erzählt dem Kind, wie die Zwerge durch einen geheimen Gang unter dem Schloß bis in das Zimmer des Königs vordringen und ihn, indem sie mit einem Hammer auf einen Gong schlagen, wecken. Als der König aufwacht, geben sie ihm ihr stärkendes Getränk, und augenblicklich steht er auf, legt seinen Königsmantel um, nimmt sein Zepter und verläßt den Ratssaal.

Anschließend wird gespielt, daß ein Schiff, das jetzt auf hoher See ist, vergessen hat, den Kapitän an Bord zu nehmen, so daß die Besatzung den Kurs nicht bestimmen und das Ziel nicht finden kann. Während des Spiels wird auf einer abenteuerlichen Reise nach dem Kapitän gesucht. Wenn der gefunden ist, kann das Schiff in einem sicheren Hafen vor Anker gehen, und neue Aufgaben können von Kapitän und Besatzung übernommen werden.

Ein anderes Beispiel aus der Praxis:

Ein Kind hat im Kindergartenalter eine traumatisierende Ehescheidung der Eltern erlebt. Darauf reagiert es mit Regressionserscheinungen. Das Kind will so klein bleiben, wie vor der Zeit, in der die Auseinandersetzungen anfingen.

Das Kind lernt spielen, gewinnt Vertrauen zum Therapeuten und spielt dann endlos »Mutterbär und Kindchenbär«, »Mutter und Kind zusammen in einem Häuschen«, das Kind wird gepflegt, gehegt, gewiegt usw.

Für das Kind ist es heilsam, diese warmen Gefühle wieder zu erleben, aber es bleibt in dieser Phase stecken. Wenn der Therapeut das Kind darum bittet, ein eigenes Haus zu bauen, setzt das Kind nicht mehr als vier Blöckchen aufeinander. Wiege und Mutter stehen irgendwo, ohne eigenes Haus.

Nach einer Weile erzählt der Therapeut von einer Känguruhmutter, die in ihrem Beutel ein Kindchen trägt, das nie heraus will und nie mit den anderen kleinen Känguruhs spielt. Das kleine Känguruh hat Angst vor den anderen Tieren und kriegt immer schlaffere Beinchen, mit denen es keine schönen Sprünge machen kann.

Dann erzählt der Therapeut, daß das kleine Känguruh sich irgendwann dazu entschließt, aus dem Beutel zu kommen und das Springen zu lernen. – Das Kind geht nach dieser Geschichte springend wie ein kleines Känguruh nach Hause!

Beim nächsten Mal läuft das Kind in das Spielzimmer hinein, schiebt zwei Stühle zusammen und setzt Mutter Bär und ihr Kind darauf. Es guckt den Therapeuten an und sagt einfach: »Das Bärchen will gern zum Menschenland, aber es traut sich nicht, weil es Angst hat, daß es dann aufgefressen wird!« Sehr intim und ergreifend ist solch ein Augenblick. Der Therapeut fragt das Kind: »Wohin traut das Bärchen sich denn?« Da das Kind antwortet, daß es sich traut, zu den Zwergen zu gehen, holt der Therapeut einen alten, weisen Zwerg herbei, der sehr begabt ist im Entwerfen von Landkarten und Landschaften. Er zeichnet einen Weg durch die Wälder und die Wüsten zu dem Menschenreich hin, und er zeichnet einen Weg quer durch das Menschenland zu einem guten König, der dafür sorgt, daß jeder im Land in Sicherheit leben kann. Und in diesem Land gibt es noch leere Häuser, wie der Zwerg weiß.

Mit dem Spielzeug baut das Kind die gezeichnete Landschaft nach, stellt Häuser auf und setzt einen König ein, der ganz am Ende auf seinem Thron sitzt. Jetzt macht der kleine Bär sich auf die Reise, alles verläuft nach Wunsch, und der König verspricht ihm, sich besonders um ihn zu kümmern. Ein leeres Haus wird eingerichtet, und der kleine Bär wohnt bei den Menschen. Daraufhin freut das Kind sich dermaßen, daß es alle möglichen Tiere, die Freunde des kleinen Bären, ebenfalls zum Menschenreich umziehen läßt. Das Kind kann nicht genug kriegen von diesem Spiel. Indem es den kleinen Bären zum Menschenreich bringt, bringt das Kind sich selbst dorthin, das heißt, es ist bereit, weiter zu wachsen in der Richtung des Erwachsenwerdens. Diesem Kind wurde letztlich von seiner eigenen Seele und von der Weisheit, die in ihr verborgen liegt, geholfen. Denn woher kommt es, daß das Kind sagt, »Das Bärchen will zum Menschenreich, aber es traut sich nicht«? Das ist in Bilderform die Antwort auf das Bild aus der Geschichte mit dem Känguruh. Natürlich ist damit noch nicht alles gelöst, aber es gibt eine Umkehr, der Irrweg ist erkannt worden, und ein neuer Pfad, der zum richtigen Weg zurückführt, wurde eingeschlagen. Die eigene Entelechie des Kindes kann sich jetzt wieder entfalten.

Noch ein Beispiel:

Ein Junge im Alter von zehn Jahren hat eine sehr lebendige Seele. Seine Seele ist reich an Gefühlen. Das kann sehr schön sein, aber jede Begabung muß erzogen werden. Das Kind muß den Umgang mit seinen Stimmungen, Gefühlen, Trieben und seiner Begeisterungsfähigkeit lernen. Um das Kind herum stehen nette Eltern: ruhige und liebe Menschen, die selbst nicht in dem Maße erfahren haben, was es heißt, so viel innere Kraft zügeln zu müssen. Man freut sich an der Kreativität des Kindes, das Spielen ist überhaupt kein Problem. Aber die Mutter wird durch den Sohn wahnsinnig nervös. Aus Gründen, die für sie nicht nachvollziehbar sind, wird das Kind manchmal plötzlich sauer, sogar wütend. Es tobt, schlägt, tritt und kreischt, egal, wo es ist. Oder es hat schreckliche Alpträume, die es aus dem Bett fliehen lassen. Um den Jungen herum geschieht immer unglaublich viel, und alles ist immer heftig. Seine Freunde fürchten sich vor seinen Wutanfällen und seinen Launen. Manchmal macht es ihnen Spaß, phantasievoll mit ihm zu spielen, ein anderes Mal aber werden sie verhauen!

Im Spielzimmer ist der Junge in seinem Element. Die Ritter bekämpfen sich mit Feuer und Schwert; Drachen und Wölfe verschlingen irgendwelche Prinzessinnen, und überall herrscht Chaos. Versessen auf Sensationen, kreiert er pausenlos Spannung und Abenteuer.

Dann schafft er einmal einen Märchenwald, der von vielen Menschen und Tieren bevölkert wird. Plötzlich kommt eine Hexe mit einem roten Gesicht und verwüstet den ganzen Wald. Und nun schaut der Junge den Therapeuten zum ersten Mal richtig an. Was jetzt? Was soll er machen mit diesem inneren Feuer, mit dieser »Hexe in der Seele«?

Der Therapeut läßt ein Wesen auftreten, das mächtiger ist als die Hexe. Es kommt ein Engel, der die Hexe tief in den Wald hinein schickt mit einer besonderen Aufgabe. Die Hexe kennt die schwarze Zauberkraft aller Pflanzen, nun soll sie auc h die heilende Kraft der Pflanzen und Kräuter kennenlernen. Sobald sie diese kennt, finden die Menschen den Weg zu ihrem Hexenhäuschen, das tief im Wald verborgen liegt, und bitten sie wegen ihrer Beschwerden und Qualen um ihre Pflanzenweisheit.

Hier lernt der Junge, seine astralischen Kräfte aus dem Geist heraus zu lenken, so daß sie für ihn selbst wie auch für die anderen zu einem Segen, statt zu einer Qual werden. Sie zu unterdrücken hilft nicht, er muß lernen, seine vielfältigen Begabungen vom Ich aus zu steuern. Diese Bilder heilen das Kind von seiner Angst vor den eigenen astralen Kräften, und sie zeigen ihm den Weg, wie es diese für die Ziele des sich inkarnierenden Ich sinnvoll einsetzen kann.

Der Junge wird durch diese und ähnliche Spielsituationen und Bilder ruhiger. Die Eltern werden in das, was geschieht, einbezogen. Sie lernen, wachsam zu sein gegenüber Überreizungen und vermeiden es fortan, daß der Junge zu vielen und zu intensiven Eindrücken ausgesetzt wird. Der Junge erlebt stets so viel, daß er lange braucht, um seine Erlebnisse zu verarbeiten. In bezug auf den Alltag werden der Rhythmus und die Regelmäßigkeit kritisch überprüft. Nach einer aufregenden Geburtstagsfeier ist es zum Beispiel besser, wenn der Junge erst allein badet und im Bad etwas spielt, als daß er sich sofort zu Tisch setzt und anschließend ins Bett gesteckt wird. Wenn das Innere des Kindes verstanden wird, dann finden sich auch immer praktische Maßnahmen.

Wichtig ist, daß das störende Bild seine Macht über das Kind verliert. Die Macht wird gebrochen, wenn das Kind den Therapeuten ins Vertrauen zieht und ihn sehen und spüren läßt, was innerlich verquer ist. Sie wird gebrochen durch die heilenden Bilder und durch die Verarbeitung der alten Trauer.

Manchmal paßt das therapeutische Bild so genau, daß man von einem »Volltreffer« sprechen kann. Es stellt sich dann eine unmittelbare Wirkung ein. Da ist es ergreifend zu sehen, daß sich die Kinder wie Gefangene benehmen, die nach langer Zeit zum ersten Mal wieder das Licht sehen.

Ein Kind, das immer voller Spannung und Aggression war, klettert plötzlich auf den Schoß. Das ewig unruhige Kind sitzt zum ersten Mal ganz entspannt und ruhig auf seinem Stuhl. Die Macht des störenden Bildes und des dahinterliegenden Elends ist gebrochen. Selbstverständlich gibt es oft mehrere solcher negativen Bilder, die allmählich entkräftet werden müssen. Der gleiche Prozeß wiederholt sich dann. Nach der ersten Erleichterung muß die große »Aufräumaktion« beginnen. Die Macht des Bildes ist gebrochen, aber das war nur die Büroklammer. Die alten unverarbeiteten Erfahrungen tauchen jetzt wieder in der Seele auf und verteilen ihr Gift. Sie müssen nun im nachhinein verarbeitet werden, denn sonst ist die Lösung von keiner Dauer. Wenn sie unverarbeitet bleiben, wird einfach eine neue Büroklammer, ein neues störendes Bild gesucht.

Wenn im Spiel oder in der Geschichte die alten Ängste und die alte Trauer geäußert werden, entkommt man dieser Gefahr. Die innere Ursache wird sichtbar und hörbar. Die Seele reinigt sich, indem sie sich in ihrer eigenen Sprache, in der Bildersprache äußert. Alte Erfahrungen kommen an die Oberfläche und wollen verarbeitet werden, so daß sie, statt ein Hindernis für das Kind zu sein, zu einer starken, segensreichen Kraft werden. Die Erlebnisse sind nicht gleich mit den Bildern verschwunden.

Wenn sich die Probleme haben lösen lassen, dann sind die verarbeiteten Erfahrungen eine Quelle für die Kräfte des Mutes. Bei späteren unangenehmen Erfahrungen erinnert die Seele sich daran, daß trotz Leidens ein positiver Ausgang möglich ist. Daraus schöpft das Kind später Kraft. Ausgestandene Schwierigkeiten sind für die Seele das, was Konditionsübungen für die Muskeln sind. Nach Anstrengungen, Schwitzen und Schuften werden die Muskeln des physischen Körpers stark und geschmeidig. Verarbeitete Unannehmlichkeiten liefern eine gute seelische Kondition. Außerdem gibt es da noch einen wichtigen sozialen Aspekt: Die Seele des Kindes kann Verständnis aufbringen für jemanden, der etwas erlebt, was es selbst erfahren und durchlitten hat, für alle, die ähnlich schwierige Situationen durchlebten. Das Kind erwirbt sich so eine gewisse Seelenweisheit. Das ausgestandene Leid verhilft dazu, stärker und reiner zu werden; und so wird es nicht belasten!

Die warme Beziehung zu dem Therapeuten ist in dieser Phase der Therapie sehr bedeutsam. Den Mut und das Vertrauen, an denen es vorher mangelte, braucht das Kind jetzt noch mehr, denn dieses Stadium ist nicht einfach. Die unverarbeiteten Erfahrungen hielt das Kind in der Vergangenheit versteckt, weil sie so schwierig und belastend waren. Jetzt muß es ihnen gegenübertreten, zusammen mit dem Therapeuten, denn ansonsten würden sie erneut verdrängt.

Während dieser Zeit kann man oft auch zu Hause bemerken, daß viel verarbeitet wird. Das Kind scheint ängstlicher zu werden und verlangt mehr Aufmerksamkeit und Wärme. Zwischenzeitlich kann es zu Alpträumen kommen, weil der Verarbeitungsprozeß sich in der Nacht fortsetzt. Manche Kinder werden richtig krank. Durch eine Grippe oder Windpocken und dem dazugehörigen Fieber entgiften sie sich; der Körper hilft bei der Verwandlung mit.

Es ist wichtig, dies von vornherein zu wissen, sonst erschrickt man bei solchen Symptomen. Es scheint dem Kind eher schlechter als besser zu gehen. Der Prozeß des Verdauens, der Verarbeitung und der Bereicherung wird während der Therapiestunden in Gang gesetzt, aber seine volle Wirkung entfaltet er erst, wenn er sich außerhalb des Spielzimmers fortsetzt. Zu Hause und/oder in der Schule zeigen sich tiefgreifende Veränderungen beim Kind.

Es ist äußerst wichtig, daß alle Beteiligten die Entwicklung des Verarbeitungsprozesses sorgfältig beobachten. Kommt es zu einem Stillstand? Hält das Kind die Alpträume aus? Bei einer guten Zusammenarbeit zwischen dem Therapeuten und den Menschen, die um das Kind herum sind, werden diese Fragen besprochen.

Eine sichere therapeutische Umgebung ist wesentlich. Diese wirkt wie eine leichte Narkose, so daß die schmerzhaften Aspekte des Verarbeitungsprozesses abgemildert werden. Da das Kind dem Therapeuten sein Vertrauen schenkt, wird seine innere Angst überflüssig. Das Kind atmet auf und schöpft neuen Mut, so daß dasjenige, was im Inneren noch geboren werden will, eine Chance bekommt.

Ein Beispiel mag dies verdeutlichen. Es war zuvor die Rede von einem Kind, das in den ersten Lebensjahren sehr negative Erfahrungen im Krankenhaus gesammelt hatte. Als es ein krankes Nichtchen besuchte, wurde das Gitterbettchen zur Klammer für diese Gefühlsinhalte.

Während der Therapie wurde eine Geschichte von einer kleinen Prinzessin, die in einem alten, kalten Schloß geboren wurde, erzählt und gespielt. Es wurde erzählt, daß alle

Diener des Königs und der Königin das Gebäude renovieren mußten, während das Kind inzwischen zitternd in seiner Wiege lag. Zuletzt war das Schloß wieder hergerichtet, aber das Feuer in den Kaminen wollte nicht brennen. Die Prinzessin lernte, Feuer zu machen und bekam einen Schafspelz für ihr Bettchen. Durch die vielen Arbeiten verwandelte sich das ganze Schloß in ein warmes und fröhliches Zuhause.

In dieser Geschichte wird das Bauen an der eigenen Inkarnation, an dem eigenen Leben fast wörtlich ins Bild gebracht. Das Kind erlebt, daß es sich sicher fühlen kann in solch einer Situation, und durch die Entspannung, die eintritt, verliert es die Angst vor der psychischen »Kälte« und verarbeitet die eigenen alten Erfahrungen.

Dritte Phase

Vor der abschließenden Phase ist das Wichtigste geschehen, aber trotzdem ist diese Phase nicht einfach ein Schlußakkord. Das Kind lernt, den Therapeuten und die therapeutische Situation loszulassen. Allmählich werden das neue Vertrauen und die neuen Möglichkeiten ein Teil des Kindes selbst. Sie existieren unabhängig von dem Therapeuten und der therapeutischen Situation.

Manche Kinder haben irgendwann keine Lust mehr zu kommen oder wollen keinen Schulunterricht mehr ausfallen lassen, andere brauchen eine sehr behutsame Loslösung. Ein abrupter Abbruch der Therapie kann für solche Kinder eine sehr schmerzhafte Erfahrung sein. Das Vertrauen in den Therapeuten kann zerstört werden, und es können neue Ängste entstehen.

Das Kind darf also nicht das Gefühl haben, daß es im Stich gelassen wird. Die Dauer des Loslösungsprozesses ist von Kind zu Kind verschieden. Diese dritte Phase dauert nochmals ungefähr fünf bis zehn Wochen, wobei das Kind immer seltener kommt: nicht mehr einmal pro

Woche, sondern nur noch vierzehntägig, dann alle drei Wochen und schließlich noch ein letztes Mal kurz vor den Sommerferien.

Oft ergibt sich das Ende der Therapie von selbst, und das Kind und die Eltern setzen ihren Weg dann unabhängig vom Therapeuten fort. Das Interesse des Kindes verlagert sich, die Schule steht wieder mehr im Mittelpunkt. Manchmal vergessen Eltern oder Kinder den Termin, oder es passiert etwas, und der Termin muß verschoben werden. Dies sind Anzeichen dafür, daß jeder seinen eigenen Weg gehen soll.

Dann gibt es noch die Nachsorge. Für Eltern und Kinder ist diese Nachsorge oft eine Rückenstütze. Die Unterstützung liegt darin, daß man den Therapeuten noch einmal anrufen kann oder ihm schreibt, wie sich das Kind weiterentwickelt. Oder es wird die Möglichkeit geboten, nochmals ein paar Wochen zu kommen, falls das Kind rückfällig werden sollte. Vielleicht findet später ein weiteres Elterngespräch statt, in dem man überlegt, ob in der häuslichen Situation noch etwas geändert werden sollte.

Manchmal haben Eltern und Kinder vor der Therapie schon so viel erlebt, daß sie auch danach noch sehr verletzlich sind, was nicht zuletzt mit den neuen Erkenntnissen zusammenhängen kann.

Ganz gleich, ob die Therapiestunden allmählich reduziert werden oder ob der Moment des Abschiednehmens spontan, schnell und direkt herbeikommt, immer muß die Sorge um die Eltern und das Kind diese Ablösung bestimmen.

Erzähltherapie

Bei Kindern ab neun Jahren kann man mit Geschichten arbeiten. Erzählen heißt, die inneren Bilder direkt sprachlich zum Ausdruck zu bringen. Diese Methode ist weniger anschaulich und physisch, also etwas abstrakter. Für Kindergartenkinder und junge Schulkinder ist sie deshalb noch nicht so geeignet. Sie bauen noch an ihrem physischen Körper, und die Bilder ihrer Seele brauchen auch eine mehr physische Ausdrucksform. Erst später kann ein Kind die astralischen Bilder losgelöst von der direkten Anschauung erleben.

Wer kleinen Kindern Geschichten erzählt, bemerkt oft, daß sie sehr stark das Bedürfnis haben, die Geschichte nachzuahmen, zu zeichnen oder die Hauptfigur darzustellen. Das Erleben des Bildes braucht einen physischen Ausdruck.

Für die Erzähltherapie gilt ähnlich wie für die anderen beiden Therapieformen, daß das Vertrauen zwischen Therapeut und Kind so groß sein muß, daß das Kind imstande ist und sich traut zu erzählen. Einige Kinder sind geborene Erzähler; oft erfinden sie, auch ohne in Therapie zu sein, die aufregendsten Geschichten. Sie machen dies, während sie abends im Bett liegen, oder in der Schule, wenn sie sich langweilen.

Andere Kinder sind der Meinung, daß sie dies gar nicht können, aber in Wirklichkeit haben sie es einfach noch nie gemacht! Manchen Kindern kann man mit einer schönen Illustration oder Zeichnung helfen, in Gang zu kommen, bei anderen wird der Therapeut selbst den Anfang machen müssen: »Es gab einmal … weit weg auf einer Insel …« Vorsichtig gehen die Kinder dann mit, manchmal nur ein paar Sätze weit, aber meistens vergessen sie schnell, »daß sie es echt nicht können«, und die Bilder strömen heraus. Alles, was erzählt wird, wird aufgeschrieben, weil eine genaue Verarbeitung dessen, was das Kind dem Therapeuten anvertraut, sehr wichtig ist. Der Therapeut antwortet in der gleichen Sprache und erzählt dem Kind eine Geschichte, die Maßarbeit und eine direkte Antwort auf das, was das Kind vorher geäußert hat, sein muß.

Das Verstehen und Übersetzen dieser Geschichten verlangt viel Erfahrung und Intuition. Was nicht verstanden wird, kann nicht geheilt werden. Dies gilt im besonderen Maße für die Geschichten der Kinder. Im nächsten Kapitel finden sich drei Erzählungen, die in der Praxis als Hilfestellung und Antwort auf die Fragen und Probleme der Kinder entstanden sind. Die Beispiele ähneln denen aus der Spieltherapie. Wenn Kinder meinen, sie wären schon zu groß fürs Spielen, sind sie oft noch bereit, Geschichten zu erzählen und anzuhören. Kinder, die oft schon sehr früh nicht mehr spielen dürfen, erleben das Erzählen von Geschichten als etwas, was nichts mit Spielen zu tun hat. In der Schule schreibt man schließlich auch einen Aufsatz oder hält ein Referat.

Ein Beispiel:

In den Geschichten eines Kindes, das die Trennung der Eltern verarbeitet, kommen zunächst keine Erwachsenen vor. Dann erscheint der direkt sorgende Elternteil, und sehr lange bleibt die Königin oder die Mutter alleine. Obwohl dies eine getreue Wiedergabe der faktischen Situation ist, ist es dennoch ein Hinweis darauf, daß das Kind sich seelisch zu einseitig entwickelt.

Es ist wichtig, daß im Seelenleben beide Pole, Mann und Frau, Vater und Mutter, erlebt werden. Es sind die Dualitäten, die allem, was in dem astralischen Körper lebt, zugrunde liegen. Wenn Kinder in der Einseitigkeit hängenbleiben, schließen sie auch einen Teil von sich selbst ab. Denn in der eigenen Seele lebt sonst auch alles aus dieser Polarität heraus: Sympathie und Antipathie!

Wenn der Therapeut anhand von Bildern klarmachen kann, daß dasjenige, was getrennt ist, dennoch zusammengehört, daß die geschiedenen Eltern trotz allem zusammen ein Kind gekriegt haben, dann atmet die Seele wieder auf. Wie von selbst treten in den Geschichten dann wieder beide Pole auf, obwohl der König und die Königin nicht im selben Haus leben. Es kommt zu einer seelischen Heilung. Wenn das Mädchen sich wieder traut, von Rittern und Jägern, Königen und Freunden zu erzählen, dann wird sie sich in der eigenen Seele auch wieder mehr mit ihrem männlichen Teil verbinden. Das Umgekehrte passiert bei dem Jungen, der nur kämpft und stur sein will. Seine anderen Seelenkräfte können wieder frei werden, wenn in den Geschichten nicht ausschließlich Ritter, sondern auch Frauen und Kinder, Blumen und Schmetterlinge auftauchen.

Während der Arbeit mit Bildern äußern die Kinder auch oft indirekt ihre Träume. Manchmal erzählen sie einen Traum als Geschichte, oder sie fangen spontan an, von irgendwelchen Alpträumen zu berichten. Hier darf nichts forciert werden. Doch ist es ein gutes Zeichen, wenn Kinder die nächtlichen Bilder loswerden wollen. Die Seele entgiftet sich selbst; nicht verarbeitete Erfahrungen, die tief in der Seele schlummern und mit ihrem »Klammerbild« Alpträume erzeugen, werden Teil des Tages. In der sicheren, therapeutischen Umgebung werden sie verständlicher und können ihre Botschaft vermitteln. Wenn die Bilder angenommen und verstanden werden, findet sich eine Antwort, und dann verschwinden sie wie von selbst.

Erzähltherapie kann bis zum Alter von 12 oder 13 Jahren eingesetzt werden. Was sind nun die therapeutischen Möglichkeiten für ältere Kinder? – Für sie ist *das Leben selbst* eine Bildgeschichte. Der Therapeut muß an ihrem Alltag anteilnehmen und dieselbe Sprache sprechen. Er wird ein Fußballspieler unter den Fußballspielern, ein Musikkenner bei den Popbegeisterten und ein bißchen kokett und modebewußt unter den Ohrringmädchen. Das Seelenleben des Kindes oder Jugendlichen treibt an der Oberfläche. Spricht der Therapeut seine Sprache, so wird der Jugendliche die Antwort verstehen.

Selbstverständlich bleibt der Therapeut ein Erwachsener und er selbst. Obwohl er das astralische Leben des Jugendlichen miterlebt, kommt die ausgewogenere Astralität des Therapeuten zum Tragen. Obwohl er scheinbar die gleiche

Sprache spricht, klingt noch etwas anderes mit, nämlich die Sprache des menschlichen Ich. Das Kind erfährt das Ich des miterlebenden und verständnisvollen Erwachsenen wie eine Bake im Meer. Freilich wollen Jugendliche oft nicht von dem Ich des Erwachsenen angesprochen werden – doch wehe, wenn es nicht geschieht! Dann fehlt ihnen der Spiegel für das eigene Tun und Lassen. Wenn sie im Vertrauen einen Erwachsenen haben Anteil nehmen lassen an ihrem Leben, werden sie sich irgendwann ihres eigenen Handelns bewußt. Plötzlich können sie sich selbst aus einer gewissen Distanz betrachten. Das eigene Ich guckt dann über die Schulter mit. Sie können das eigene Verhalten beurteilen und korrigieren. Der Therapeut lebt in der Welt des Jugendlichen, aber bringt sein eigenes Ich und dessen Einfluß auf das Astralische mit ein. So kann ein Kind oder Jugendlicher sich verstanden fühlen und erfährt zugleich den dringend benötigten Rat und die entsprechende Unterstützung. Bleibt der Therapeut ein weit entfernter Erwachsener ohne Konturen, dann kann die unsichere Seele des fehlgegangenen Jugendlichen damit nichts anfangen.

Maltherapie

Wenn hier von »Maltherapie« die Rede ist, dann nicht im herkömmlichen Sinn. In meiner Praxis lasse ich die Kinder vor allem zeichnen, denn es geht darum, daß ihre inneren Bilder möglichst unmittelbar zum Ausdruck kommen. Das Zeichnen ist also das wichtigste Mittel dessen, was hier ganz allgemein Maltherapie genannt wird. Es hängt vom einzelnen Kind ab, ob das Malen oder Zeichnen anstelle von Spiel- und Erzähltherapie oder ergänzend eingesetzt wird. Für manche Kinder ist es einfacher, ihre inneren Bilder malend zu äußern, und ab und zu gibt es auch Kinder, die es bevorzugen, nur die Bilder sprechen zu lassen.

Ein extremes Beispiel war ein achtjähriger Junge, der die Sitzungen mit der Zeichnung eines Schlosses anfing und beendete. Auch während der ganzen Sitzung malte er fast immer das gleiche. Es war sein Haus, in das er sich inkarnieren wollte. Es verlangt dem Therapeuten sehr viel ab, stundenlang die Entstehung von fast immer gleichen Bildern zu verfolgen.

Zu Anfang malte der Junge ein Schloß mit Gittern vor allen Fenstern und vor dem Eingangstor, niemand konnte hinein. Das Schloß war völlig schwarz, und oben auf den Zinnen standen Krieger, die bis zu den Zähnen bewaffnet waren. Außerdem stand das Gebäude auf einem unzugänglichen Felsen. Der Therapeut fragte vorsichtig, ob es dort ab und zu Vögel gäbe und ob die Sonne manchmal scheine etc. Beim nächsten Mal tat sich etwas am Himmel. Durch die geduldige, ungezwungene Wärme des Therapeuten taute der Junge auf. Das Schloß war jetzt dunkelblau, und einige Gitter verschwanden. Irgendwann kam der Augenblick für den Therapeuten, dem Jungen ganz direkt zu sagen: »Ich würde gern mal ins Schloß zu Besuch kommen, aber ich kann nicht hinein.« Der Junge zeichnete daraufhin eine Hilfstreppe neben den Turm, so daß man mit einem Umweg über die Zinnen in das Innere des Schlosses hinein konnte. Beide freuten sich riesig.

Beim nächsten Mal hatte das Schloß ein offenes Tor, zwar mit einem Wächter davor, aber jetzt konnten Besucher ein- und ausgehen.

Es war unglaublich, welchen Einfluß diese Ereignisse auf das Leben des Kindes hatten. Der Junge rief von da an selbst irgendwelche Freunde an; und mit der Öffnung des Schlosses wuchs er ganz offensichtlich!

In diesem Beispiel war das Malen oder Zeichnen die einzig mögliche Form der Therapie. Meistens aber unterstützt das Malen die beiden anderen Formen.

Wenn ein Kind sich schwertut mit Formgebungen, wird es manchmal im Spiel nichts Rechtes aufbauen können, aber es kann sich in Zeichnungen äußern. Manche Kinder sind zu fahrig und nehmen die angebotenen Bilder nur oberflächlich auf. Wenn sie die Geschichten zeichnen, werden die Bilder wirklich zu etwas Eigenem, und so erreicht man eine tiefere seelische Schicht.

Oft ruht in der Seele ein gespenstisches Bild, das nicht beschrieben werden kann. Wenn das Kind diese unangenehme Hexe oder den Wolf malen kann und erfährt, daß der Therapeut nicht erschrickt, passiert etwas im Innern. Anschließend wird ein Jäger oder eine gute Fee dazu gemalt, und alles bekommt eine neue Wendung.

Größere Jungen fühlen sich oft zu alt für Spiele und Geschichten und finden alles kindisch. Das Zeichnen eines selbsterfundenen Comic ist dann oft ein ehrbarer Vorschlag. Ohne Gesichtsverlust können sie ihren Inhalt auf dem Papier gestalten. Allmählich kann dann durch die richtigen Ergänzungen und Ideen eine eigene, positive Bildergeschichte entstehen.

Nicht die Methode ist heilig, sondern das heilende Geschehen an sich. Wenn dieser Prozeß dadurch angeregt wird, daß ein Comic gezeichnet wird, dann dient die Methode der Seele des Kindes.

Was passiert während der Therapie?

Jede der drei genannten Formen der aktiven Bildtherapie erreicht das, was unter oder hinter der verschlossenen Seelenhaut des Kindes liegt. Die Bilder sprechen die Sprache der Seele und überwinden die Brandmauer, die sich das Kind aufgebaut hat. Den Bildern ist auch eine undurchlässig gewordene Seelenhaut kein Hindernis, denn sie gehen unter die Haut und wirken dort heilend. So kommen die Bilder auch dort noch weiter, wo die gewöhnliche Sprache der Erwachsenen, die normalen beruhigenden und kritisierenden Bemerkungen nicht ankommen. Durch den Therapieprozeß verschwinden die störenden Bilder, und die dahinterliegenden Erfahrungen werden verarbeitet.

Manchmal geschieht noch mehr. Es kommt vor, daß der frühzeitige Abschluß der Seelenhaut ganz oder teilweise wieder aufgehoben wird. Die Haut, die die Isolation verursachte, braucht nicht mehr hermetisch verschlossen zu bleiben. Die Kinder brauchen diese Verteidigungsmechanismen nicht mehr so sehr. Und in Friedenszeiten kann die Mauer verschwinden.

Vor allem kleine Kinder haben diese Möglichkeit noch. Sie können einen Teil des davongetragenen Schadens ausgleichen, und ihre Seele saugt die positiven Erfahrungen und Bilder auf. Auf jeden Fall entspannt sich die Seelenhaut. Antipathiegefühle nehmen ab, und es entstehen Öffnungen. Die Seele atmet wieder. Wenn das Kind neue, gute Erfahrungen macht, dann wachsen seine Sympathiegefühle sowohl sich selbst wie der Welt gegenüber. Mit einer verhärteten Seelenhaut und einer Seele voller Angst und Antipathie kann ein Mensch kein Mitgefühl und keine Wärme für andere Menschen und die Welt entwickeln. Er wird dann zum Schatten seiner selbst, weil er in der eigenen Verteidigung gefangen ist. Wenn diese Gefangenschaft behoben wird, wird das Kind zum Teil neu geboren, dann kann es lernen, der Welt zu vertrauen.

Das sich inkarnierende Ich erfährt die Welt, in der es sich ein Haus baut, wieder wie einen sicheren Hafen, in dem man vor Anker gehen kann. Dies ist eine gute Basis für die weitere Entwicklung.

Selbstverständlich verläuft nicht immer alles ideal. Es gibt viele Kinder, bei denen die geschilderte Heilung eintritt, es gibt aber auch Kinder, bei denen dies nur zum Teil der Fall ist. Außerdem kann es auch geschehen, daß ein Kind den Therapeuten nicht an sich heranläßt und somit nicht weiterkommt. Es kann passieren, daß das Kind aus sehr intimen Gründen den Heilungsprozeß ablehnt. Dies merkt man spätestens nach etwa sechs Wochen. Diese Kinder kommen dann nicht über die erste Phase hinaus.

Es gibt Kinder, deren Seelenhaut kaum ausgebildet ist. Sie können von anderen Kindern dazu verleitet werden, die verrücktesten Sachen zu machen. Während der Therapie können sie neue Entwicklungsimpulse aufnehmen, so daß sie allmählich eine Grenze zwischen innen und außen ziehen. Zum ersten Mal können sie dann wählen, ob sie zu einer Herausforderung ja oder nein sagen. Sie sind nicht länger eins mit ihrer Umgebung, sondern umgrenzen und gestalten ihr eigenes Gebiet. Sie empfinden nicht länger alles einfach sympathisch, sondern erleben zum ersten Mal eine begründete Antipathie, die sie vor einem Eingriff in ihre Eigenheit warnt. Wenn es nicht länger allem und jedem ausgeliefert ist, gewinnt das Kind an Individualität und Selbstvertrauen. Fortan kann es Menschen begegnen und Situationen erleben, ohne sofort von diesen Erfahrungen aufgesogen zu werden. Die neue, langsam wachsende Seelenhaut beschützt und erwärmt den inneren Kern. Das Kind kann seine frühere Ohnmacht überwinden.

Geschichten, die während der Therapie entstanden

Es folgen drei Beispiele von Geschichten, die für die Seele der Kinder, denen sie in der Therapie erzählt wurden, wegweisend waren. Im Anschluß an jede Geschichte findet sich eine kurze Beschreibung der Problematik des betreffenden Kindes.

Anco, 7 Jahre

Es gab einmal einen schönen, großen Baum. Seine Samen verteilten sich überall im Wald, und es wuchsen neue Bäumchen.

Als die Samen in einem sehr nassen Jahr auf den Boden herunterfielen, fielen sie in den weichen, nassen Schlamm und in die Pfützen. Die Samen, die Würzelchen ausbildeten, versuchten, so schnell wie möglich hoch empor zu wachsen, weil sie Angst hatten, in dem Schlamm zu ertrinken.

Einem Pflänzchen gelang das recht gut. Als es schon ein kleines Bäumchen war und seinen kleinen Stamm mit vielen Zweiglein und Blättchen weit über den Schlamm hatte wachsen lassen, gesellte sich ein Baumzwerg zu ihm, um dort zu wohnen. Aber der kleine Zwerg konnte nicht wie gewohnt ein Häuschen auf dem Boden zwischen den Wurzeln bauen, weil es dort viel zu naß und matschig war. Also baute er sich eine kleine Treppe und richtete sich ein Häuschen zwischen den Zweigen ein. Und siehe da! Jetzt konnte ihm nichts mehr geschehen.

Leider gab es dort oben nicht viel zu tun für einen Zwerg. Die Hilfe für die kranken Tiere, das Sammeln von Nüssen und Beeren, der Besuch bei anderen Zwergen, die Arbeit an den Baumwurzeln, all diese Aufgaben konnte der Zwerg schlecht von seinem Platz zwischen den Zweigen aus erledigen. So saß der kleine Zwerg oft mit baumelnden Beinchen auf den Ästen des jungen Baumes. Er langweilte sich und machte sich schon Sorgen darüber, wie es ihm im Winter ergehen würde. Er hatte nämlich keine Vorräte und nichts Warmes zum Anziehen, weil er keinen Wollflausch gesammelt hatte.

Schließlich rief Mutter Erde ihn eines Tages hinunter. Aber er tat so, als hätte er es nicht gehört, und blieb sitzen. Daraufhin tat Mutter Erde etwas, was sie sonst nie tut, sie kletterte hoch. Sie setzte den Zwerg in einen großen Obstkorb und trug ihn auf ihrem Rücken hinunter. Sie gab ihm einen großen Spaten und fünf kleine Gehilfen.

Zusammen gruben die Zwerge einen Graben um den Baum und einen weiteren Graben zum Fluß. Die Erde um den Baum wurde jetzt fest und hart. Im Herbst legten die Blätter sich wie ein dicker Teppich auf den Boden.

Es wuchsen dort Pilze und Büsche mit Beeren. Und die Zwerge bauten ein neues, wunderbares Häuschen zwischen den Wurzeln des Baumes, und Mutter Erde half dem Baum, seine Wurzeln tief in den Boden hineinzugraben. Fortan wuchs der Baum ganz kräftig und wurde immer stärker. Er fing an, Früchte zu tragen, und der Baumzwerg erntete und erntete. In seinem Häuschen sammelte er einen Vorrat für den ganzen Winter.

Diese Geschichte wurde einem Kind erzählt, das ängstlich war und sich nicht richtig inkarnierte. Dadurch entwickelte es sich auch motorisch nicht ausreichend. Die Geschichte war für dieses Kind das Bild der eigenen Situation wie auch das der Lösung: Zusammen mit dem kleinen Zwerg macht es die Erde bewohnbar.

Thomas, 10 Jahre

Es gab einmal einen Prinzen in einem großen Land. Er wohnte mit seinen Eltern in einem prächtigen Schloß und war sehr reich.

Als er älter wurde, meinte sein Vater, es sei Zeit für ihn, eine Frau zu suchen. Der Prinz wollte nur eine wunderschöne Prinzessin heiraten. Diese Prinzessin sollte außerdem richtig zu ihm gehören: ihre Hand sollte genau in die seine passen.

Viele schöne Prinzessinnen kamen zu einem Fest, das der König veranstaltete, aber welche auch der Prinz an die Hand nahm, keine paßte. Endlich beschloß der Prinz, sich selbst auf die Suche nach einer Prinzessin zu machen. Dazu mußte er verreisen, weil er sie in seinem eigenen Land ja nicht hatte finden können.

Er sattelte sein Pferd und bat seinen Vater um das Königsschwert. Der König gab es ihm und ermahnte ihn, damit sehr vorsichtig umzugehen. »Das Schwert wird dir nur dienen, wenn du einen gerechten Kampf führst«, sagte er.

Der Prinz bedankte sich und ritt fort. Er durchquerte das ganze Land. Überall sah er die Menschen arbeiten, essen und schlafen. Überall wurden Kinder geboren und starben alte Leute.

Dem Prinzen wurde klar, wieviel Sorgfalt aufgewendet werden muß, um ein solch großes Land zu regieren, und er nahm sich vor, ein guter König zu werden. Sicherlich würde aus der richtigen Prinzessin auch eine Königin werden, die ihm dabei helfen würde.

An der Grenze des Landes lag ein wilder, tiefer Fluß, über den sich sein Pferd nicht hinübertraute. Große Felsblöcke wurden vom brodelnden Wasser mitgerissen. Der Prinz ritt eine Weile am Ufer entlang. Da wurde an einer Stelle das Wasser ruhiger, aber der Fluß war noch immer tief und mächtig. Sollte sich der Prinz hier auf seinem Pferd hinüberwagen? Der Fluß wirkte hier unheimlich still und bedrohlich.

Da kam ein kleiner Zwerg zum Vorschein. »Herr, ich kann dir helfen.«

Das Pferd bäumte sich auf, aber der Prinz zügelte es.

»Sprich«, sagte der Prinz.

»Es gibt ein schreckliches Ungeheuer in dem Fluß«, sagte der Zwerg. »Von jedem, der über den Fluß will, fordert es ein Menschenleben. Es ist ein Drache mit sieben Köpfen. Er bringt jedes Schiff zum Sinken, wenn er mit dem Schwanz schlägt. Da gibt es nur eine Lösung, du mußt dem Drachen ein anderes Menschenleben geben oder versprechen, dann läßt er dich gehen.«

Der Prinz rief laut nach dem Drachen, der gerade seinen schrecklichen Kopf aus dem Wasser streckte. Er schlug wütend mit seinem mächtigen Schwanz. Der Prinz versprach ihm ein anderes Menschenleben. Daraufhin verschwand das Ungeheuer in den Fluten, und der Prinz und sein Pferd konnten den Fluß ruhig überqueren. Das löse ich beim nächsten Mal, dachte der Prinz.

Jenseits des Flusses reiste er durch ausgedehnte Wälder und fand schließlich ein silbernes Schloß mit vielen spitzen Türmchen. Hier lebte die Silberprinzessin, die so schön war, das der Prinz sich sofort in sie verliebte. Sie wollte ihn gerne heiraten und reichte ihm ihre Hand. Sie paßte genau! Es gab nur ein Problem: Sie erzählte ihm, daß sie, wenn sie ihr Silberschloß verließe, tot umfallen würde, weil sie von einer Hexe verzaubert worden war. Keiner wußte genau, wo die Hexe war und wie die Prinzessin befreit werden könnte. Aber der Prinz wollte unbedingt, daß die Prinzessin seine Frau würde, und beschloß deswegen, die Hexe zu suchen. Sie lebte irgendwo, tief versteckt, in dem Wald hinter dem Schloß. Der Prinz zog ganz allein und zu Fuß, also ohne sein Pferd in den Wald hinein.

Es war ein unheimlicher, dunkler Wald, voller Spinnweben und Dornbüsche. Die Bäume standen immer dichter beieinander, so daß schließlich kein Licht mehr in den

Wald fiel und der Prinz fast im Dunkeln weitergehen mußte.

Der Boden wurde grün und glitschig, und der Prinz fiel oft hin. Zuletzt fand er auf einer kleinen, kahlen Lichtung ein merkwürdiges Häuschen. Es war aus schwarzen, verkohlten Stämmen gebaut. Vor dem Häuschen hing ein Kessel über einem schwelenden Holzfeuer. Der Prinz schlich heran und schaute in den Topf. Es lagen Schlangen darin, die gekocht wurden, und ein giftiger Dampf stieg auf. Dem Prinzen zitterten die Beine, aber er dachte an die schöne Silberprinzessin. Nun tauchte er sein Königsschwert in die giftige Brühe.

Da ertönte aus der Hütte plötzlich eine krächzende Stimme: »Wer in meinem Feuer stochert, der findet mein Gift. Wer die Prinzessin will, der findet den Tod.«

Der Prinz fürchtete sich nicht. Er schlich durch die angelehnte Tür hinein und hielt sein Schwert vor sich hin. Die Hexe sah ihn aber sofort und verwandelte ihn in eine Statue, so daß er keinen Schritt mehr tun und nur noch mit ihr sprechen konnte. Die Hexe wollte wissen, was er bei ihr suche. Sie war nämlich nicht nur böse, sondern noch viel mehr neugierig.

Der Prinz dachte nach und sagte: »Ich suche jemanden, der der schrecklichsten Schlange, die es gibt, ihr Gift rauben will.«

Das reizte die Hexe. Das Gift könnte sie gut gebrauchen. Sie versprach dem Prinzen, ihm seine Freiheit zurückzugeben, wenn er ihr helfen würde, das Gift zu finden. Der Prinz war einverstanden, und sofort konnte er sich wieder bewegen. Er erzählte von dem Ungeheuer in dem Fluß. Er sagte, daß das Ungeheuer nur an Land käme, wenn eine Prinzessin am Ufer stünde.

Die Hexe lachte und sagte ihm, daß sie über eine verzauberte Prinzessin, die sie mitnehmen könnte, Macht hätte. Sie nahm ihre Zauberutensilien, und schon waren sie und der Prinz in dem Silberschloß. Sie erlöste die Prinzessin und nahm beide mit zum Fluß.

Der Prinz rief das Ungeheuer und sagte, daß er gekommen sei, um sein Versprechen einzulösen. Die Hexe grinste hämisch die Prinzessin an, die zitterte wie Espenlaub. Trotzdem blieb sie tapfer stehen, den Blick auf den Prinzen gerichtet.

Da nahm der Prinz sein Königsschwert, und mit einem Schlag haute er der Hexe den Kopf vom Leibe. Kopf und Körper rollten in den Fluß, und der Drache verschlang sie sofort. Trotzdem ließ er den Prinzen nicht noch einmal den Fluß überqueren. Er wollte nun über die beiden herfallen. Aber die Prinzessin spann aus silbernen Fäden eine feine Brücke, die von einem Ufer zum anderen reichte, und so kamen sie sicher über den Fluß.

Das Ungeheuer war wütend und biß deshalb so heftig in seinen eigenen Schwanz, daß es sich nicht mehr lösen konnte und schließlich vor Hunger starb.

Der Prinz und die Prinzessin reisten zum König, der sich darüber freute, daß sein Sohn wohlbehalten heimgekehrt war und dazu noch mit einer Prinzessin an seiner Seite. Sie heirateten, und auf dem Fest erschien zur Freude aller der kleine Zwerg. Danach lebten sie noch lange und glücklich.

Thomas hatte die Trennung seiner Eltern, die mit viel Haß und Neid verbunden war, miterlebt. Das bedeutete viel Gift! Er hielt zu seinem Vater und verleugnete all seine empfindlicheren Eigenschafen, weil sie weiblich und feindlich für ihn waren. Seine Seelenhaut war verkrampft. Die Geschichte räumt nun all den gegensätzlichen Gefühlen einen Platz ein. Und wie der Prinz ging Thomas auf die Suche nach seiner inneren Prinzessin und erlöste sie aus der Verzauberung.

Daan, 12 Jahre

Es gab einmal einen einfachen König eines kleinen, nicht sehr bedeutenden Landes. Er verfügte über alles, was er brauchte, und regierte weise und gerecht. Im Lande herrschten Ruhe und Zufriedenheit. Der König sorgte für alle, die dort wohnten.

Sein Schloß war solide und sah bei aller Schlichtheit gut aus. Innen war alles schön, aber einfach eingerichtet. Der König wollte keine unnötige Pracht und keinen überflüssigen Prunk. Er war kein Verschwender.

Doch befand sich in seinem Besitz eine Sache, die wirklich etwas Besonderes war. Die größten Kaiser der Welt würden ihn darum beneiden, wenn sie davon wüßten! Er besaß einen kristallenen Spiegel mit einem Rahmen aus purem Gold. Dieser Spiegel hatte eine außergewöhnliche Eigenschaft: Wer davorstand, sah von sich selbst nur das, was gut, edel und rein an ihm war. Der Spiegel zeigte nichts anderes. Was an einem Mensch äußerlich schief, komisch oder häßlich war, konnte man in dem Spiegel nicht erkennen. Er spiegelte also nicht die Außenseite, sondern die Innenseite eines Menschen. So sahen häßliche Leute in diesem Spiegel manchmal recht schön aus, und bestechend schöne Menschen blieben auch mal einfach unsichtbar, weil ihre Innenseite häßlich war.

Der König benutzte den Spiegel nur bei sehr komplizierten Sachverhalten, weil er sich im Laufe seines Lebens viel Menschenkenntnis erworben hatte. Meistens wußte er selbst, wer gut oder schlecht war.

Selbst jedoch stellte er sich jeden Abend vor den Spiegel und achtete sorgfältig darauf, ob er auch ganz sichtbar sei. Wenn irgend etwas von seinem Haupt fehlte, prüfte er genau, wo seine Gedanken nicht rein und klar genug gewesen waren. Wenn etwas im Brustbereich fehlte, fragte er sich, ob er nicht liebevoll und barmherzig genug gewesen war. Fehlte etwas an den Armen, Beinen, Händen oder Füßen, dann besann er sich darauf, wo er nicht ganz richtig gehandelt hatte, wo sein Wirken nicht gut und gerecht genug gewesen war. So war er ein edler König, der sehr beliebt war.

Nun war schließlich auch das jüngste Königskind, ein kleiner Prinz, alt genug, um all das zu lernen, was man als ein künftiger König wissen mußte. Die Ratsherren unterrichteten ihn treu und geduldig, und es wurde ihm sehr viel Aufmerksamkeit geschenkt. Der junge Prinz lernte eifrig und gut, und alle erwarteten, daß er ohne Schwierigkeiten ein guter König werden würde.

Als er so allmählich erwachsen wurde, beschloß der König eines Tages, ihn auf die Probe zu stellen. Er selbst wurde älter, und es wäre gut, wenn der Prinz seine Aufgaben bald übernehmen könnte. Deswegen nahm er den Prinzen mit zu dem Spiegel. Zu seinem Entsetzen wurde der kristallklare Spiegel da aber plötzlich völlig stumpf. Nichts war zu sehen! Und auch als der Prinz zur Seite ging, blieb der Spiegel glanzlos, und was immer der König versuchte, der Spiegel blieb matt und verlor seinen Wert. Dies betrübte den König sehr, und Zweifel stiegen in seinem Herzen auf: Warum war der Spiegel stumpf geworden?

War der Prinz nicht geeignet?

War es Zufall, oder hatte es eine andere Bedeutung?

– Schwierige Fragen, auf die der König keine Antwort wußte.

In der Nacht verließ der Prinz in aller Stille das Schloß, um in die weite Welt zu ziehen. Fest entschlossen, dem Spiegel seine kristallene Klarheit wieder zurückzugeben, beschloß er, allen möglichen Schwierigkeiten und Gefahren zu trotzen. Dann würde aus ihm sicherlich ein guter Mensch werden.

Am nächsten Morgen entdeckte man, daß er verschwunden war. Der König verstand dies, respektierte die Entscheidung des Prinzen und beschloß, weiterhin das Land zu regieren, bis der Prinz zurückkäme, sogar wenn dies hundert Jahre dauern würde.

Der Prinz, einfach gekleidet, wanderte zuerst durch einen großen Wald. Mitten in diesem Wald begegnete ihm ein riesiger, grauer Wolf, der so freßwütig war, daß er nicht aufhörte zu töten, auch wenn er gar nicht mehr hungrig war. Der Prinz beobachtete, wie er zwei Rehlein davonschleppte, und er sah, wie die verzweifelte Rehmutter kämpfte. Der Prinz spürte die Grausamkeit des Wolfes in sich selbst, und eine große Kraft durchströmte ihn. Da schnitt er kurzerhand aus einem kräftigen Ast einen Knüppel und stürzte sich auf den Wolf. Der Kampf dauerte drei Tage und drei Nächte. Dann starb der Wolf.

Völlig erschöpft sank der Prinz in sich zusammen. Alle Tiere des Waldes kamen und pflegten den Prinzen. Vor allem die Rehmutter war ihm sehr dankbar. Aber auch alle anderen Tiere fühlten sich wie befreit, weil das freßwütige Tier tot war.

Ein junger Hase hatte etwas von dem Wolfsblut aufgefangen und träufelte das auf die Füße des Prinzen. Die Kraft des Wolfes ging nun auf den Prinzen über, aber weil er ein edles Herz hatte, konnte er die Kraft sinnvoll einsetzen.

Zu Hause, in dem Palast des Königs, wurde ein Teil des Spiegels wieder klarer, und der König faßte neuen Mut. Der Prinz erholte sich bald, lebte eine Weile bei den Tieren und lernte sehr viel von ihnen.

Nach einiger Zeit zog der Prinz weiter und kam in eine wunderbare Landschaft mit vielen saftigen Wiesen, plätschernden Bächlein, Blumen und Schmetterlingen. Der Prinz fühlte sich wunderbar, er war glücklich, und es wurde ihm richtig leicht zumute.

Als die Sonne durchbrach, fühlte er sich ein wenig müde. Er legte sich bequem ins Gras, und wie von selbst fielen ihm die Augen zu. Er träumte, daß er umgeben sei von verschiedenen lichtertragenden Elfen mit durchsichtigen Flügeln. Sie zogen ihn hoch und nahmen ihn mit zur Mitte der Wiese. Dort bildeten sie zusammen mit ihm einen großen Kreis, gaben einander und auch ihm die Hand und tanzten und tanzten ohne Unterlaß. Der Prinz tanzte und tanzte ebenfalls. Zuerst war es leicht und fein, aber nach einer Weile fühlte er sich müde und wollte sich hinsetzen und ausruhen.

Aber die Elfen ließen ihn nicht los und zwangen ihn zu tanzen. Er verlor alle Kraft und sank in sich zusammen. Da wachte er auf. War es nun ein Traum gewesen oder doch nicht? Seine Beine zitterten. Er fühlte sich völlig erschöpft. Das konnte doch nicht einfach vom Schlafen kommen?

Er aß und trank ein wenig, aber es half nicht sehr. Er schlief vor Müdigkeit wieder ein, und wieder kamen die Elfen und führten ihn mit in einen endlosen Tanz. Der Prinz verlor fast das Bewußtsein, aber schließlich ließen die Elfen ihn los.

Er erwachte auf einem Ameisenhaufen. Die Ameisen bissen ihn tüchtig, und so schlief er nicht wieder ein. Sie erzeugten alle zusammen einen leisen Ton, und als er genau hinhörte, hörte er sie folgendes singen:

»O tapferer Prinz, geh weg von dem Elfenfeld,
sonst wirst du ohne Ehr' gefällt.
Hier hilft weder Harnisch noch Schwert!
Iß das bittere Kraut, und dann mach kehrt.«

Der Prinz bedankte sich bei den freundlichen Ameisen und kroch auf Händen und Füßen zu dem bitteren Kraut. Er aß von dem Kraut und stopfte davon in seine Taschen, bis sie ganz voll waren.

Da wurde es dunkel. In der Nacht werden die Elfen mich sicherlich finden, dachte der Prinz. Nun war es so, daß in der Nacht keiner das Elfenfeld verlassen konnte. Eine geheimnisvolle Macht hielt jeden zurück. Plötzlich aber fühlte der Prinz die Wolfeskraft in sich und stolperte zu einem nahegelegenen Bach. Er ließ sich in das Wasser fallen und wegtreiben, weit, weit weg von dem trügerischen Elfenfeld.

Stunden später stieg er völlig durchnäßt aus dem Wasser. Das bittere Kraut, das er noch immer bei sich hatte, hatte sich auf eine wunderbare Weise verwandelt. Es war hellgrün geworden und roch frisch und angenehm. Als der Prinz ein wenig davon aß, verschwand jegliche Müdigkeit, und das Kraut wuchs von selbst wieder nach. Er hatte viele Schrammen und blaue Flecken bekommen, aber als er sie mit dem Kraut berührte, heilte alles ab. Der Prinz freute sich sehr.

Auch der König zu Hause freute sich, denn der zweite Teil des Spiegels wurde hell und glänzte wie nie zuvor.

Der Prinz fühlte sich sehr stark. Die Kräfte der ersten und der zweiten Probe strömten durch seinen Körper, und er spürte, daß er Berge versetzen könnte.

Kaum drei Tage später brauchte er diese Kraft. Vor ihm türmten sich riesige graue Berge auf. Sie schienen endlos breit und zackig, und nirgendwo war ein Pfad zu sehen. Doch der Prinz ahnte, daß er sich von diesen Bergen nicht abschrecken lassen durfte. Aber je näher er kam, desto beängstigender erhoben sich die nackten, grauen Felspartien. Eine rauhe, feindliche Atmosphäre und ein Gefühl von drohender Gefahr überkamen den Prinzen. Am liebsten wäre er weggelaufen. Was nützten ihm das Kraut, der Knüppel oder das edle Herz?

Er starrte traurig und gelähmt auf den Boden hinunter, bis er dort zwei gesunde Füße, die sogar ihm selbst gehörten, erblickte. Sie waren wie zum Laufen geschaffen. Also ging er seinen Füßen hinterher. Ohne sichtbaren Weg, ohne Karte, ohne Kurs machte er sich einfach auf den Weg, einfach so! Aber seine Füße waren bei seinen Reisen schlau geworden und zeichneten ihm einen eigenen Weg vor. Sie liefen und liefen, ohne sich ablenken zu lassen, immer geradeaus. Über Spalten, über scharfe Steine, über glitschige Felsblöcke, immer geradeaus, weiter und weiter. Der Prinz hörte auf seine Füße, Schritt für Schritt.

Zuletzt war er mitten im Gebirge. Überall um ihn herum waren nur Steine und abermals Steine. Und da stand plötzlich ein gewaltiger Riese vor ihm. Er sah aus, als wäre er selbst ein Teil des felsigen Gesteins hinter ihm. Seine Haut und seine Haare schienen mit den Bergen verwachsen zu sein, sie hatten genau die gleiche Farbe. Der Prinz sah den Riesen erst, als es schon zu spät war, weil er seine ganze Aufmerksamkeit auf das Klettern gerichtet hatte. Er stand stocksteif und starrte voller Entsetzen den Riesen an. Dieser begann zu sprechen, und die Berge dröhnten von seiner Stimmgewalt. Der Lärm löste Lawinen von Felsblöcken aus. »Was machst du hier? Nie kam ein Mensch hierher. Diese Welt gehört mir. Ich werde dich vierfach töten!«

Der Prinz aber blieb still und ruhig und zeigte keine Spur von Angst. Er fing sogar an zu singen. Ein Lied über Leben und Liebe und Felder. Stundenlang sang er, bis das Herz des Riesen sich einsam fühlte und sich nach alledem, wovon der Prinz sang, sehnte. Er bat den Prinzen, zu bleiben und weiterzusingen. Er versprach ihm Gold und gewaltige Edelsteine, die er tief in der Erde vergraben hatte.

Aber dem Prinzen sagte eine innere Stimme, daß er weiterziehen sollte, und er lehnte das Gold des Riesen ab. Er ließ sich von ihm nicht verführen.

Dem Riesen wurde klar, daß er sich fortan immer einsam fühlen würde, und flehte den Prinzen nochmals an zu bleiben. Aber der Prinz lehnte dies erneut ab. Auch wenn es ihm ein bißchen schwerfiel, er beschloß, die Gegend zu verlassen. Nachts, als der Riese schlief, machte er sich auf, still und unbemerkt.

Als der Riese am nächsten Morgen erwachte und sah, daß der Prinz weg war, zerbrach sein steinernes Herz in tausend Stücke, und ein glitzernder, heller Bergbach entsprang an der Stelle, wo er starb. Das Wasser belebte die Steinwüste. – Der letzte Teil des Spiegels des Königs wurde rein und hell.

Der Prinz fühlte sich plötzlich sehr leicht. Die Berge waren ihm kaum noch ein Hindernis, und schnell durchwanderte er das Gebiet. Nun reiste er zu dem Schloß seines Vaters zurück und freute sich sehr auf das baldige Wiedersehen. Alles ist vollbracht, dachte der Prinz, mein Vater wird sich freuen.

Aber welch eine bittere Enttäuschung: Als er in den Thronsaal trat, erkannte sein Vater ihn nicht wieder! Er schaute den Jüngling an, der dreckig und schlampig aussah. »Ich kenne dich nicht«, sprach der Vater und schickte ihn weg.

Der Prinz war empört und ratlos! Er nahm ein Schwert, das an der Wand hing, und wollte den König töten. Da sah er aber plötzlich sich selbst in dem Spiegel, der an der anderen Seite des Saales hing. Klar, kristallklar spiegelte der Spiegel einen bildhübschen Prinzen.

Der König sah dies ebenfalls, und nun erkannte er seinen Sohn. Das Schwert fiel hinunter, und Vater und Sohn umarmten sich. Jetzt herrschte überall Freude.

Der Prinz wurde zum König gekrönt und regierte lange und weise, und das Land lebte in Wohlstand.

Daan war ein sehr intelligenter Junge, der so stark von seinen Ich-Kräften bestimmt wurde, daß ihm zu wenig Raum für sein Seelenleben blieb. Dieses war deshalb kindischer als bei seinen Altersgenossen, während sein Verstand und seine Gedanken seinem Alter voraus waren. Die Erzählung schildert, wie der junge Mensch aus dem Reich des Ich heraus eine Reise unternimmt und auf dieser mit bedeutenden Erlebnissen auf allen Gebieten beschenkt wird: auf dem Gebiet des Astralischen (Tiere), des Ätherischen (Wiese) und des Physischen (Steine, Gebirge). Erst nachdem er diese Bereiche durchlebt hat, findet der Prinz sein wahres Selbst. Kopf und Herz wachsen durch diese Bilder zusammen!

Der Therapeut und die Eltern

Was darf man vom Therapeuten erwarten?

Vom Therapeuten darf man erwarten, daß er sich sehr bewußt und mit viel Wärme um das Kind kümmert. Der therapeutische Umgang mit dem Seelenleben des Kindes verpflichtet den Therapeuten dazu, die Verantwortung für die Konsequenzen der Therapie zu übernehmen.

Der Therapeut sollte die Eltern unbedingt aufklären, und zwar sowohl über die Form wie auch über die Inhalte der Therapie. Der Therapeut muß den Eltern mit Rat und Tat beistehen und sie unterstützen. Zu seinen Aufgaben gehören sowohl praktisch anwendbare Hinweise und Erklärungen anderer pädagogischer und therapeutischer Ansätze wie auch die Sorge um ein sinnvolles Ende der Therapie und eventuell eine Kontaktaufnahme mit Lehrern oder anderen Personen.

Für die aktiven Bildtherapien, wie sie in diesem Buch beschrieben wurden, braucht es Menschen, die sich selbst immer wieder kritisch gegenüberstehen. Der Therapeut sollte sich wiederholt fragen, wie es um seine eigene Entelechie steht, ob er den roten Faden in seinem Leben weiterhin verfolgt oder ob es zu einem Stillstand gekommen ist, ob er sich womöglich verirrt hat.

Wenn es darum geht, jungen Menschen beizubringen, sich mit der eigenen Inkarnation zu verbinden, dann spüren diese sehr genau, inwieweit der Therapeut selbst die gestellte Anforderung erfüllt hat. Mehr noch als für andere Erzieher gilt für den Therapeuten, daß er selbst ein »Lebensreisender« in reinster Form sein soll.

Die Therapie findet über die Kanäle des Astralleibes statt. Die Seele des Therapeuten hört auf die Seele des Kindes.

Wenn der Astralleib des Therapeuten verhärtet oder verkrampft ist, hört, sieht und spürt er das Kind nicht in ausreichendem Maße. Und das Kind erlebt das Zusammensein mit dem Therapeuten als einen erzwungenen Besuch und kann kein Vertrauen zum Therapeuten entwickeln. Das wichtigste therapeutische Instrument ist ein lebendiges, reiches Seelenleben, in dem Freude und Leid, Schmerz und Mut und viel Humor einen Platz haben.

Es ist natürlich auch äußerst wichtig, ein Gefühl für die inneren Bilder zu haben. Man kann diesbezüglich sehr viel lernen und entwickeln, aber für das direkte, kreative Erleben der Bilder, die in der therapeutischen Situation angebracht sind, muß der Therapeut eine Seele haben, die mühelos Bilder strömen lassen kann. Eine natürliche Begabung ist dazu notwendig. Der Therapeut wird dann ein Verbindungsglied sein zwischen dem Kind und dessen Ich, zwischen dem Kind und der eigenen Seele, zwischen dem Kind und ihm selbst, zwischen den Eltern und dem Kind und vor allem zwischen dem inneren Arzt des Herzens und dem täglichen Leben des Kindes mit all den dazugehörenden Schwierigkeiten. Mit dem inneren Arzt oder Heiler des Herzens meine ich die reichen, liebevollen Inhalte des Astralleibes, aus dem Ganzheit und Kraft strömen können.

Es gibt noch ein drittes, ebenso wertvolles Instrument. Das ist das Bewußtsein. Der Therapeut muß viele Bilder enträtseln, und dazu braucht er ein klares Bewußtsein für alles, was mit Bildern, dem Astralleib und der Entwicklung des Kindes zu tun hat. Es genügt nicht, daß eine Sitzung »ganz nett« ist. Jedes Kind mag es, wenn es spielen darf und Zuwendung bekommt. Bei einer Therapie muß der Therapeut bei allem, was geschieht, mit voller Aufmerksamkeit und klarem Bewußtsein dabeisein.

Oft wird in einer Ausbildung oder einer Therapie der Arbeit mit Bildern ein ganz anderer Stellenwert gegeben: Es ist lustig, mal etwas anderes, man bewegt sich, amüsiert sich, und den Leuten, die sich intellektuell sicher fühlen, wird einmal der Boden unter den Füßen weggezogen. In Anbetracht des großen Wertes und der Würde des Astralleibes mit seiner Bildersprache wäre es meiner Meinung nach gut, wenn diese Modeerscheinung bald wieder verschwände. Vielleicht wird da manches Schlummernde geweckt, und vielleicht kommen bestimmte, verdrängte Erfahrungen zum Bewußtsein, aber die Frage ist doch, ob sich jemand dafür verantwortlich fühlt. Wissen, was man tut, und die Konsequenzen tragen, ist unabdingbar für diejenigen, die sich in das Seelenleben anderer einmischen.

Wer nicht weiß, welche Bedeutung bestimmte chinesische Vokabeln haben, sollte besser kein Chinesisch sprechen. Leider ist es so, daß, wenn keine Chinesen anwesend sind und zuhören, keiner sonst merkt, daß jemand die Sprache nicht beherrscht. Ein Bewußtsein für die Seele und für die Sprache der seelischen Bilder ist unabdingbar für diejenigen, die therapeutisch mit Bildern umgehen. Das gilt für alle die Therapieformen, die in diesem Buch beschrieben wurden, weil sie so direkt die Bildersprache einbeziehen.

Kontakt zwischen Menschen kann nicht erzwungen werden. Jedes Kind und jedes Elternteil stellen den Therapeuten vor neue Fragen. Lernen sie, einander zu vertrauen und zu schätzen, oder bleiben sie Fremde? Nicht immer passen Kind und Therapeut zusammen. Das gleiche gilt für Eltern und Therapeut. Da ein tiefes Vertrauen die Basis aller Therapie ist, sollte ein Mangel an Vertrauen thematisiert und geklärt werden. Wenn keine Lösung gefunden wird, ist es besser, daß der Therapeut die Beziehung abbaut. Weiterarbeiten schadet beiden Seiten.

Selbstverständlich kann ein Kind mit einer verletzten Seele sehr viel Zeit brauchen, um wieder Vertrauen aufzubauen. Trotzdem ist es wichtig zu schauen, ob es Fortschritte, wenn auch nur kleine, gibt. Bei einem Stillstand, der vom Therapeuten und vom Kind nicht durchbrochen werden kann, ist es besser, einen anderen Therapeuten zu suchen. Wenn Eltern um ein Aufnahmegespräch bitten (selbstverständlich ohne ihr Kind, denn man darf nicht über es sprechen, wenn es dabei ist), ist es wichtig, daß sie ihr Herz sprechen lassen. Sie haben schon lange einen Bund mit ihrem Kind, auch wenn der manchmal sehr belastet ist. Sie spüren oft haargenau, ob der Therapeut ein Mensch ist, der ihrem Kind helfen kann. Wenn ein Elternteil einem Therapeuten begegnet und die Neigung hat, sofort wieder zu gehen, dann würde ich ihm oder ihr raten, das auch tatsächlich zu tun.

Das Intake- oder Aufnahmegespräch ist eine Gelegenheit für den Therapeuten, die Problematik und die Vorgeschichte des Kindes kennenzulernen. Die Eltern können inzwischen den Therapeuten und die Umgebung erleben. Wie wirkt der Therapeut auf sie? Ist er ein Mensch, dem sie ihr Kind vorübergehend anvertrauen können? Wie ist das Spielzimmer? Ist die Atmosphäre gut, herrschen Gemütlichkeit und Ordnung? Diese Fragen können die Eltern im Gespräch thematisieren, so daß es im Idealfall zu einem wirklichen Ja von beiden Seiten kommen kann.

Viele Eltern finden es wichtig, daß der Therapeut ein Mensch ist, der selbst Kinder erzieht oder erzogen hat.

Der Therapeut sollte über ein warmes Herz für Kinder, für Bilder, für sein Spielmaterial, aber vor allem für die seelischen Nöte der Menschen, mit denen er arbeitet, verfügen. Der Therapeut ist jemand, der sich daran gewöhnt hat, Beziehungen aufzubauen und sie nachher wieder abklingen zu lassen. Wenn die Therapie zu Ende ist, wird ein guter Therapeut Abschied nehmen von den Kindern und sie nicht an sich binden. Ganz gleich, wie warm und intensiv die Beziehung gewesen ist – voller Vertrauen und ohne Bedauern verabschiedet er sich und öffnet die Tür für andere Kinder und Eltern.

Von einem Therapeuten kann man nicht erwarten, daß er den Charakter eines Kindes ändern kann. Jede Änderung bewegt sich innerhalb der Grenzen des Kindes. Kinder und Eltern können jedoch lernen, wie sie mit diesem Charakter leben und zusammenleben können.

Von einem Therapeuten kann man keine Garantie für einen im voraus festgelegten guten Ausgang erwarten. Die Chancen können abgeschätzt werden, aber lebendige Prozesse können nicht mit mathematischer Sicherheit kalkuliert und garantiert werden.

Man kann ebenfalls nicht damit rechnen, daß der Therapeut die primäre Sorge der Eltern übernimmt. Sie bleiben die Hauptbezugspersonen in dem Kinderleben und treffen somit selbst die wichtigsten Entscheidungen. Soll ein Kind auf eine andere Schule gehen? Ist der Einfluß eines bestimmten Freundes ungut? Muß ein Elternteil weiter weg arbeiten gehen oder gerade eine solche Stelle aufgeben? Wenn eine Entscheidung notwendig wird, kann der Therapeut beraten und unterstützen, aber er kann *den Eltern keine Entscheidung abnehmen.*

Die Position der Eltern

Welche Position nehmen die Eltern während der Therapie ein? Oft haben sie schon einiges hinter sich. Eltern, die ihr Kind einem Therapeuten anvertrauen, tun das notgedrungen. Jeder will ja schließlich Kinder, die gesund und glücklich heranwachsen. Es ist schmerzhaft, Störungen zu beobachten und die eigene Ohnmacht, dem Kind zu helfen, erkennen zu müssen. Vorurteile, die durch das Unverständnis der Umgebung oder bestimmter offizieller Instanzen entstehen, verstärken diesen Schmerz.

Der tägliche Umgang mit dem Kind ist schwierig! Zu Hause oder in der Schule passiert so viel, bei dem sich die Eltern keinen Rat wissen. Das Kind klagt immer wieder über Kopfschmerzen oder Bauchweh. Es gibt Auseinandersetzungen, Streit, unzufriedene Lehrer. – Da zeugt es von elterlichem Mut und elterlicher Liebe, eine Schwäche des eigenen Kindes zu erkennen und anzupacken. Wenn man sich nicht für das eigene Kind interessiert, macht man das nicht. Und wenn man zuwenig Mut hat, schließt man die Augen vor den Signalen, die darauf hinweisen, daß etwas geschehen muß. Eltern, die mit ihrem Kind zu einem Therapeuten kommen, kommen mit Mut und Liebe, auch wenn sie sich darüber selbst nicht mehr im klaren sind, weil das Verhalten des Kindes sie oft irritiert. Man erlebt sich selbst nicht gerade als liebevoll, wenn man häufiger mekkert, als Gemütlichkeit zu verbreiten sucht!

Deswegen haben die Eltern ein Recht darauf, sehr direkt einbezogen zu werden. Aufnahmegespräch, Elterngespräche, telefonische Erreichbarkeit des Therapeuten, dies alles bietet sich dazu an, die Eltern an dem Prozeß zu beteiligen. Wenn es nur alle halbe Jahre einen schriftlichen Bericht für die Eltern gibt, ist das eigentlich eine Zumutung. Wenn aber die Eltern in den gesamten Prozeß einbezogen werden, ist das ein Pluspunkt für den Therapeuten.

Eltern investieren Zeit, Geld und Mühe in die Therapie. Sie sind also auf jeden Fall beteiligt. In den vertraulichen Elterngesprächen wird ihnen deutlich, was mit ihrem Kind geschieht. Wenn die Eltern die Bilder ihrer Kinder erklärt bekommen, erschließt sich für sie oft eine neue Welt in ihrem Kind. Es berührt sie, denn oft spürten sie schon lange etwas, was sie nur noch nicht ganz auf den Begriff bringen oder verstehen konnten. Es entsteht eine neue Verbindung mit dem Kind, sie erkennen neue Möglichkeiten.

Der Therapeut übersetzt die Bedürfnisse des Kindes in die tägliche Praxis. Er macht Vorschläge, was man hinzufügen, weglassen, ändern könnte. Die Eltern können die Situation dann mit neuem Mut und frischen Ideen anpacken. Auf diese Weise kann sich sowohl in der Therapie wie zu Hause eine Veränderung vollziehen.

Manche Eltern bemerken, daß sie tief in sich ebenfalls störende Bilder mit sich tragen. Oft weisen diese Ähnlichkeiten mit denen ihrer Kinder auf. Es gibt Kinder, die Probleme zeigen, die von den Entwicklungsschwierigkeiten ihrer Eltern herrühren, oder Kinder, die einfach dieselben Probleme haben wie ihre Eltern.

Diesen Kindern kann man nur zusammen mit den Eltern helfen. Wenn die Eltern sich darauf nicht einlassen können oder wollen, erfährt das Kind oft zwar eine Besserung, doch hält diese nicht an. Das Kind verfällt nach einer Weile wieder in die alten Muster.

Eigentlich fragen Eltern, die um Hilfe für ihr Kind bitten, auch immer in einem gewissen Sinne nach Hilfe für ihr eigenes Leben. Dies ist miteinander verwoben. Die Erziehung eines Kindes, das mehr von einem verlangt, als man leisten kann, stellt immer auch ein Lebensproblem für einen selbst dar.

Die Therapie des Kindes muß somit auch ein Anreiz oder ein neuer Impuls für die eigene Entwicklung sein. Normalerweise findet das automatisch statt. Das Kind wächst, und die Eltern entwickeln sich ebenfalls weiter. Wenn ein Elternteil aber mehr braucht, wenn er oder sie in tieferliegende Probleme verstrickt ist, ist es sehr wichtig, daß dies erkannt wird und daß nach einer Lösung gesucht wird. Sicherlich liegt die Verantwortung und die Freiheit, tatkräftig neue Wege einzuschlagen, bei den Eltern.

Die drei Sorgefunktionen der Eltern oder Erzieher

Die gegebenen Schilderungen resultieren aus der Überzeugung, daß es drei große, fundamentale Sorgefunktionen, die Eltern oder Erzieher den Kindern gegenüber haben, gibt.

Zuerst gibt es die *physische Verantwortlichkeit*, die sich auf die körperliche Pflege des Kindes bezieht: gesunde Nahrung, Hygiene, ein gesunder Wach- und Schlafrhythmus, warme Kleidung, wenn es kalt ist, Pflege im Falle von Krankheit, Fürsorglichkeit, um zu vermeiden, daß dem Kind Unfälle passieren etc. In einem Wort: die Fürsorge, die das Kind braucht, damit es körperlich gut heranwächst.

In der Gesellschaft und in der Politik wird das Elternsein oft allein darauf, also auf die *erste* Sorgefunktion, reduziert. Keiner kann die Bedeutung dieser Art von Zuwendung verneinen; ohne diese kann ein Kind schließlich nicht überleben. Aber wer Erziehung darauf beschränkt, reduziert sie auf das reine Kinderhüten. Erziehen ist dann so etwas wie Gärtnern ohne spezielles Interesse: Sorge und Kontrolle, die nur auf das physische Wohlbefinden gerichtet sind.

Wer es sich wirklich zur Aufgabe gemacht hat, die eigenen Kinder oder die anderer zu erziehen, der kennt auch die *zweite* Sorgefunktion sehr gut, nämlich die *individuelle Aufmerksamkeit und Liebe* für das Kind. Ohne diese gedeiht ein Kind nicht wirklich, darüber sind sich Erzieher einig. Kinder müssen gut gepflegt werden und Liebe, Wärme, Zeit und Aufmerksamkeit bekommen. Die Erzieher lauschen ihren Geschichten, helfen ihnen, sowohl mit ihren kleinen Wehwehchen wie auch mit tiefer Traurigkeit fertig zu werden. Sie regen sie an, bewundern sie, zeigen ihnen ihre Grenzen und sorgen dafür, daß ein Kind ein Grundvertrauen dem Leben gegenüber entwickelt.

Die *dritte* Sorgefunktion ergibt sich aus der Erkenntnis, daß das Kind anfangs noch nicht über eine Seelenhaut verfügt und daß das Kind genau wie wir, aus seinem innersten Kern, aus seinem eigenen Ich heraus nach einem Weg im Leben sucht.

Weil das Kind noch keine Seelenhaut hat, ist *die ganze Lebensumgebung des Kindes* wichtig. Sie wird von der äußeren Situation bedingt, aber vor allem von den Menschen um das Kind herum. Das seelische Innenleben der Erwachsenen, die Art und Weise, wie sie aus ihrem Ich heraus im Leben arbeiten und es gestalten, dies alles prägt die Atmosphäre, in der das Kind aufwächst.

Wer ist der Erzieher innerlich? Was bewegt ihn? – Es ist nicht nur wichtig, wie er mit dem Kind umgeht, sondern auch, wie die Erwachsenen miteinander und mit der Welt umgehen. Ist die Beziehung zwischen den Eltern lebendig und freudevoll? Ist ein Elternteil von seiner Arbeit oder von den unendlichen Aufgaben im Haushalt frustriert, oder finden sich immer persönlich geprägte Auswege? Leben die Eltern in Übereinstimmung mit ihren inneren Führern, oder richten sie sich nach Normen, die von der Außenwelt festgelegt wurden?

Wer kann schon immer seinen Kurs richtig halten!? Das sind nur sehr wenige! Wer hat eine immer liebevolle, ausgeglichene Seele ohne Störungen? Zum Glück gibt es noch nicht sehr viele dieser gewaltigen Ausnahmen, denn wir würden sonst zu schnell den Mut verlieren. Trotzdem darf dies keine Ausrede sein. Man soll sich im klaren darüber sein, daß das eigene, innere Leben sehr tief in die Kinder eindringt. Für diese Sorgefunktion gilt also, daß die Art und Weise, wie man selbst als Mensch lebt, für das Kind von großer Bedeutung ist.

Gedanken und Gefühle der Eltern dringen ohne weiteres in die offene Seele des Kindes ein, auch wenn sie versuchen, ihr Innenleben zu verbergen. Aufbauende und positive Gedanken und Gefühle erwärmen die Seele des Kindes. Kalte, intellektuelle Gedanken und negative Gefühle lassen das Kind innerlich verarmen und vertrocknen.

Die dritte Sorgefunktion impliziert die Sorge um das lebendige, ausgeglichene Seelenleben des Erziehers selbst. Darauf gründet die Übereinstimmung mit der Entelechie, die sich wie ein sinnvoller roter Faden durch das Leben ziehen sollte. Diese dritte Aufgabe ist so schwierig, daß wir sie alle zeitweise verdrängen. Wenn man sich dessen bewußt wird, führt dies oft zu einer schmerzhaften Erfahrung der eigenen Ohnmacht und des eigenen Unvermögens. Manchmal ist es einfacher, auf die Ohnmacht und die Unfähigkeiten eines anderen, des Kindes, der Eltern oder der Familie zu schauen. Aber auch derjenige, der die dritte Sorgefunktion als solche akzeptiert, wird dadurch noch nicht sofort zum perfekten Erzieher, weil es den nicht gibt. Will man trotzdem perfekt sein, so sattelt man sich belastende und unfruchtbare Schuldgefühlen auf. Fehler sind nicht so wichtig. Es ist wichtiger zu akzeptieren, daß Erzieher bei der Annahme eines Kindes nicht nur mit der Erziehung dieses Kindes anfangen, sondern auch mit einer neuen (oder ersten) Phase der Selbsterziehung. Die Bereitschaft, mit jedem Hinfallen und Aufstehen zu lernen, die Bereitschaft an sich zu arbeiten, ist eine Grundhaltung, die das Kind nährt und stärkt. In diesem Hinfallen und Aufstehen, in diesem Bemühen um die eigene Entelechie, kann das Kind sich selbst erkennen. So kann es sich entwickeln, denn diese Einstellung zum Leben spricht eine Sprache, die das Kind wortlos versteht.

Wenn das Kind noch keine Seelenhaut hat, bedeutet dies, daß es leicht verletzbar ist, aber es erholt sich meist auch schnell wieder. Die Chancen, daß das Kind sich von Streit oder Reibereien erholt, sind, solange die Seelenhaut noch nicht ganz abgeschlossen ist, viel größer als bei einem Erwachsenen. Kinder vergessen ihre Streitereien untereinander nicht ohne Grund so schnell. Geschwister können kämpfen wie Katze und Hund und sich kurz darauf wieder zufrieden und versöhnt an einen Tisch setzen. Davon können Erwachsene noch viel lernen.

Die dritte Sorgefunktion steigert die Verantwortlichkeit der Eltern, aber auch die erzieherischen Möglichkeiten. Ein gesundes Selbstvertrauen und eine gehörige Portion Humor können hieraus entstehen; Qualitäten, die bei der Erziehung sehr gebraucht werden.

Lehrer und andere Erzieher

Lehrer, aber auch andere, die sich um die Erziehung der Kinder kümmern, sollen Anteil haben an den Verwandlungsprozessen. Wenn die Probleme sich auf das Leben in der Familie beschränken, soll man Außenstehenden ohne Angabe von Details berichten, wie es um das Kind steht. Wenn die Probleme sich auch auf die schulische Situation auswirken, ist es wichtig, daß die Lehrer ebenfalls mitreden dürfen. Sie machen ihre Beobachtungen in der Gruppe, beim Lernprozeß etc. Wenn sie in die Therapie miteinbezogen werden, verstehen sie das sich verändernde Kind besser. Wenn sie selbst keinen Ausweg mehr sehen oder auch massive Schwierigkeiten mit dem Kind haben, kann es sein, daß sich für sie dank der Therapie ebenfalls eine Lösung auftut. Sie können ihre oft tiefen Einsichten ergänzend mitteilen und beobachten, ob das Kind die neuen Chancen auch außerhalb der Therapie umsetzen kann.

Therapeut, Eltern und Lehrer bilden dann ein richtiges Team, wobei jeder auf individuelle Art, aus den gemeinsamen Erkenntnissen heraus, zugunsten des Kindes wirken kann. Das gibt dem Kind einen Halt. Mißverständnisse und Boykottaktionen werden vermieden.

Manchmal informieren die Eltern die Lehrer oder umgekehrt. Ab und zu kommen die Lehrer mit zu einem Elterngespräch, oder der Therapeut hat ein zusätzliches Gespräch mit dem Lehrer. Es gibt natürlich Lehrer, die keine weitere Zeit und Energie investieren wollen, oder Eltern, die auf keinen Fall wollen, daß Lehrer oder andere in den Prozeß miteinbezogen werden. Im Prinzip ist alles möglich, solange es dem Verwandlungsprozeß des Kindes dienlich ist. Aber zu jeder Zeit sind es *die Eltern*, die entscheiden, ob sie Kontakte mit Außenstehenden akzeptieren wollen oder nicht. Ohne ihre Zustimmung und ohne ihr Mitwissen darf keine Kontaktaufnahme mit anderen von seiten des Therapeuten stattfinden (es sei denn, es handelt sich um ernste Formen von Kindesmißbrauch oder Inzest).

Teil III

Märchen für unsere Zeit

Einführung

Die therapeutische Lemniskate

Die Arbeit an der eigenen Entwicklung im Hinblick auf die eigene Entelechie ist, wie in den vorigen Kapiteln beschrieben, eine wichtige Voraussetzung für eine gesunde Kindererziehung. In dem Kapitel über das Verhältnis zwischen Therapeut und Eltern, nannte ich diese Arbeit die dritte Sorgefunktion der Erzieher. Sie ist die Bemühung um das eigene lebendige und harmonische Seelenleben. Wenn Eltern für ihre eigene Entwicklung und die Probleme, die in dem Zusammenhang entstehen, gehaltvolle Bilder zur Unterstützung und als Nahrung für die eigene Seele verwenden, dann ziehen Kinder unbemerkt ihren Nutzen daraus. – Wie geht das?

Wenn ein Therapeut in der Art und Weise arbeitet, wie es in diesem Buch beschrieben wurde, dann entsteht eine Wechselwirkung, eine Lemniskate zwischen den Bildern, die in den Kindern leben, und den Bildern des Therapeuten. Die Bilder der Kinder werden vom Kind selbst erlebt und geäußert. Die Seele des Therapeuten nimmt sie auf. Er erlebt die Bilder innerlich mit und läßt aus der Tiefe seiner eigenen Seele ein passendes therapeutisches Bild entstehen. Dieses Bild wird dem Kind im Spiel oder in einer Geschichte vermittelt. Es erreicht die Seele des Kindes und wird von ihm innerlich erlebt. Diese hin- und hergehende Bewegung zwischen Kind und Therapeuten nennt man die »therapeutische Lemniskate«.

Während der Gespräche zwischen dem Therapeuten und den Eltern des Kindes entsteht eine weitere Lemniskate. Die Eltern werden sowohl mit den Bildern, die ihr Kind geäußert hat, wie auch mit den Bildern des Therapeuten konfrontiert. Wenn diese Bilder während des Gesprächs wirklich belebt werden, können sie von den Erziehern aufgenommen und innerlich erlebt werden. In der Tiefe ihrer Seele verbinden sich dann diese Bilder mit eigenen Seelenbildern. Von diesem Moment an lebt der Erzieher aus diesen neuen Seelenbildern heraus mit dem Kind, und bewußt oder unbewußt entsteht eine neue, dichte Seelenverbindung, voller Wiedererkennen und Verständnis. Die neuen Bilder werden das Verhalten, die Gedanken und die Gefühle der Eltern oder Erzieher beeinflussen. Dies wird von dem Kind selbstverständlich bemerkt.

Solange die Seelenhaut des Kindes noch nicht verschlossen ist, liegt in der dritten Sorgefunktion der Eltern, in der Sorge für das eigene, gesunde Seelenleben eine große Verantwortung dem Kind gegenüber. Man sollte sich immer dessen bewußt sein, daß Kinder alles, was wir innerlich erleben, mitbekommen. Diese dritte Sorgefunktion stellt zwar eine große Belastung dar, bietet aber auch eine goldene Chance, die einmalige Gelegenheit, direkt und sehr tiefgreifend helfen zu können. Man kann davon ausgehen, daß das Kind durch alle schönen, guten und gesunden Bilder, die der Erzieher aufnimmt, bereichert wird. Solange die Seelenhaut noch nicht verschlossen ist, ist das Kind indirekter Nutznießer.

Heilung für Kinder und Eltern

Kinder erleben Störungen des Seelenlebens der Eltern innerlich mit. Aus dem Beschriebenen wird jedoch klar, daß es auch eine Möglichkeit gibt, gemeinsam geheilt zu werden. Oft wird versucht, Kindern durch intellektuelle, abstrakte Gespräche zu helfen. Auch wenn das Kind vom Verstand her in der Lage ist, diese zu verstehen, hilft es ihm nicht. Es lernt, über Probleme und Emotionen zu reflektieren, nicht aber sie zu lösen. In meiner Praxis habe ich es oft mit frühreifen Kindern zu tun. Wie erwachsene Psychologen können sie ihren eigenen Charakter und ihre eigenen Probleme beschreiben. Neulich sagte ein neunjähriges Mädchen zu mir: »Ich bin ein emotional geschädigtes Kind.«

Hilfe muß auf der Ebene ansetzen, auf der die Ursache des Problems liegt. Ein Kind hofft eigentlich, daß ihm auf den tieferliegenden Ebenen der Seele geholfen wird, und das ist mit Hilfe passender Bilder möglich. Die richtigen Bilder heilen nicht nur. Wenn sie früh genug eingesetzt werden, können sie auch einen innerlichen Schutz bieten. Sie können von Eltern präventiv genutzt werden und bilden dann eine gesunde Basis für künftige Erlebnisse und Ereignisse. Als Beispiel möchte ich Eltern mit einer traumatischen Kriegsvergangenheit anführen. Es wird heute in immer neuen Untersuchungen nachgewiesen, daß Kinder und sogar Enkelkinder solcher Menschen Kriegsopfer genannt werden können. Die unverarbeiteten Erfahrungen der Eltern, die in psychischen Störungen und abnormem Verhalten erkennbar werden, schaffen eine zweite und dritte Opfergeneration. Wenn man sich klarmacht, daß unter all dem, was äußerlich wahrnehmbar ist, die negativen Seelenbilder, die sehr giftig sein können, lagern und daß diese Bilder von Generation zu Generation weitergegeben werden, dann sieht man diese Problematik mit ganz neuen Augen. In solch einer Situation können die Kinder durch heilende und stärkende Bilder, die eine Antwort auf die gestörten Seelenbilder ihrer schwer belasteten Eltern geben, geschützt werden. *Dies geschieht vor allem, wenn die Eltern von vornherein solche Bilder in ihrer Seele aufnehmen und lebendig halten.* Sie schenken hiermit ihren Kindern die Erlösung, die sie selbst noch nicht völlig erleben können. Diese Möglichkeit, diese Sorge, die viel seelischem Leid der Kinder (und der Eltern!) vorbeugen kann, ist noch viel zu wenig verbreitet. Schon im Vorwort habe ich auf die Bedeutung des präventiven Arbeitens mit Bildern hingewiesen. Diese Arbeit sollte an die Stelle unnützer Schuldgefühle treten.

Die Märchen

Die Märchen, wie sie in diesem Teil des Buches zu finden sind, sind neu. Sie sind für unsere apokalyptische Zeit geschrieben. Sie sollen dem heutigen Menschen ein innerlicher Leitfaden und eine Hilfe sein. Sie erzählen von dem Allgemein-Menschlichen unserer Zeit und von dem engen Durchgang, den die Menschheit und jedes Individuum finden muß. Heute geraten viele Menschen hierdurch in eine Lebenskrise. Kalte Berechnung und Prinzipien wie »Auge um Auge, Zahn um Zahn« dominieren unsere Gesellschaft. Menschen zerstreiten sich. Jeder lebt auf seiner eigenen Insel, obwohl die modernen Kommunikationsmittel von einer Sekunde auf die nächste Ereignisse von einem Ende der Welt zum anderen bringen. Sinnverlust treibt die Menschen in die Abgründe des Materialismus oder sie entschweben in wirklichkeitsfremde Höhen.

Es gehört allerdings auch zu unserer Zeit, daß viele Menschen wie mit leuchtenden Fäden verbunden sind. Es gibt wunderbare Begegnungen zwischen Menschen aus aller Welt. Es entstehen mühsame, aber fruchtbare Initiativen, die an Kraft und Vielfalt zunehmen.

Märchen sind Bilder, die aus den unermeßlichen Tiefen der Seele aufsteigen. Die Seele des individuellen Autors und die Seele der Menschheitsentwicklung finden sich, und die Frucht dieser Begegnung ist das Märchen als Entwicklungsgeschichte, als Einweihungsgeschichte.

Vor 2000 Jahren strömten durch den Christusimpuls Liebe, Erlösung und Gnade in die Menschheitsentwicklung ein.

In den Bildern, die in unserer Zeit aus alten Quellen strömen, werden diese großen Gaben an die Menschheit in Worte gefaßt.

Heute, da die Menschheit verzweifelt nach einer Möglichkeit sucht, um im kleinen wie im großen einen Raum für diese Gaben zu schaffen – heute sind diese neuen Geschichten, Märchen oder Bilder alle echte Entelechiegeschichten. Mit ihrem Inhalt weisen sie den Weg zu dem schmalen Durchgang, zu der engen Schlucht. Es sind Vorbilder und Inspirationen für die Seele, in denen das Böse in Gutes verwandelt wird.

Menschen, die auf der Suche sind, die irgendwie den roten Faden ihres Lebens verloren haben, brauchen diese Geschichten ganz dringend; der Intellekt allein findet die Lösung nicht. Das Herz braucht eigene Nahrung. So wie die Märchen und Bilder in der Therapie ihren Weg zur Seele des Kindes finden, so erreichen die folgenden Entelechiegeschichten denjenigen, der sie liest. Therapeutisch wirken sie, wenn sie über einen längeren Zeitraum täglich gelesen werden; nicht jeden Tag ein anderes Märchen, sondern immer dasselbe. Dann dringt sein Inhalt tief in die Seele ein, viel tiefer als der wache Verstand je nachvollziehen kann. Und so wird es von innen heraus eine Quelle der Erneuerung. Irgendwann geht die Geschichte einem dann sozusagen »ins Blut«, sie nährt das Herz mit neuem Mut.

Die Märchen sollen den kleinen Kindern nicht vorgelesen werden. Wenn die Eltern sie wiederholt lesen, so daß sie wirklich in ihren eigenen Seelen leben, dann erreichen diese Bilder ganz von alleine die Seele des kleinen Kindes, das noch keine eigene Seelenhaut hat.

Bei größeren Kindern, ab 10 oder 12 Jahren, können die Eltern sie dem Kind zusätzlich vorlesen. Dann findet das Kind sowohl von innen wie von außen Anschluß an die neuen Inhalte der Eltern. Erst später, etwa ab dem 15. Lebensjahr können Jugendliche die Märchen selbständig lesen und aufnehmen. So entsteht Heilung, Hilfe und Stärkung für die Kinder und für die Eltern.

Wenn das Kind erwachsen wird und es bewußt mit der gleichen Problematik bei sich oder bei den Eltern konfrontiert wird, hat es die Möglichkeit, diese aufgrund des früher aufgenommenen Seeleninhaltes zu verstehen. Dann beschäftigt sich nicht nur der Verstand mit den Schwierigkeiten, die entstehen, sondern auch das warm fühlende Herz, das ja mit reichen Inhalten genährt wurde.

Es wäre eine gute Gewohnheit, wenn Erwachsene therapeutisch wirksame Bilder, passend zu den Problemen, die ihnen auf ihrem Lebensweg begegnen, aufnehmen würden. Diese wirken so heilsam auf sie selbst wie auf ihre Kinder. Das Kind bekommt auf einem Umweg eine Antwort, die es verstehen kann. Oft werden Kinder mit bloßen Worten abgespeist, wenn sie Schwierigkeiten in ihrer Umgebung spüren. Oder sie werden bewußt und viel stärker miteinbezogen, als sie es ertragen können. Diese beiden Methoden können durch die heilende Wirkung von Bildern in der Seele der Eltern und der Kinder ersetzt werden.

Dieser Gedankengang ist nicht neu oder aufsehenerregend. Unsere Vorfahren kannten Märchen, Volksgeschichten, Sagen und Legenden. Sie nahmen sie auf als Nahrung für ihre Seele. Märchen waren vor allem für Erwachsene! Aber unbewußt hatten auch die Kinder einen Anteil an diesen Seeleninhalten. Der Unterschied liegt in der Zeit. Wir können noch sehr viel von alten Märchen lernen, aber jetzt, da der Mensch ein eigenes Ich entwickelt, ist die Suche nach dem richtigen Bild im richtigen Augenblick eine sehr zeitgemäße Aufgabe. Man wird fortwährend mit Lebensfragen konfrontiert: »In welcher Richtung geht es für mich weiter?« »Wie knüpfe ich erneut an den roten Faden meines Lebens an?« Das sind echte Entelechiefragen, bei denen die richtigen Bilder eine unglaubliche Stütze bedeuten können.

Die Geschichten in diesem dritten Teil wollen eine tiefinnerliche Frage beantworten, die sich viele Menschen stellen: »Woher nehme ich den Mut und die Kraft?« – Eine Frage, die sich vor allem Eltern von Kindern mit Entwicklungsstörungen oft stellen.

Wegweiser für die Märchen

Für jede der Geschichten in diesem Teil folgt jetzt ein kurzer Hinweis auf ihren helfenden Wert. Die Umschreibung soll nur eine Hilfe sein für denjenigen, der zu einem bestimmten Zeitpunkt in seiner Biographie nach einem passenden Bild sucht. Bilder sind nicht starr und dogmatisch, man kann sie nicht einfangen. Sie können für jeden eine andere Bedeutung haben. Oft sind verschiedene Bedeutungen »wahr«. *Eine* Geschichte kann *mehreren* Zielen dienen!

Die goldene Insel
Diese Geschichte hilft Menschen, einen Stillstand in ihrem Leben zu vermeiden oder zu überwinden. Sie hilft, die Beziehung zu dem, was im Leben sinnvoll ist, herzustellen. Sie stärkt die Fähigkeit, den roten Faden in der eigenen Biographie zu erkennen und sich mutig und treu an ihn zu halten.

Die kleine Hexe
Dies ist eine Geschichte, die die eigene Seele kräftigt und schützt. Sie sorgt dafür, daß die Eigenheit in der Konfrontation mit anderen gestärkt wird. Sie stärkt das Gewissen und die Selbstreflexion. Sie hilft Menschen, die in ihrem Gefühlsleben von zwischenmenschlichen Spannungen oder kalter, geisttötender Arbeit bedroht werden.

Prinz Farduk
Diese Geschichte handelt von Menschenliebe. Sie gibt den Mut, bescheiden zu sein und auf (subtile) Eitelkeiten zu verzichten. Die Ausdauer und der Mut, Ideale zu haben und sich für sie einzusetzen, werden ebenfalls unterstützt.

Die tiefe Schlucht
Diese Geschichte gibt dem Menschen Kraft, der spürt, daß er ein bestimmtes Problem ganz allein bewältigen muß. Sie schenkt den Mut, eine Ausnahme zu sein, und sie stärkt die Herzenskräfte. Auch die Willenskräfte werden geweckt. Zudem lehrt diese Geschichte den Weg der Wahrheit, was eine mögliche Isolation des Menschen zu durchbrechen hilft.

Der Junker, der ein Landmann wurde
Diese Geschichte lehrt Dankbarkeit und Treue. Sie zeigt einen Weg durch tiefe Depressionen und emotionale Abgeschiedenheit und bietet die Möglichkeit, leichter loszulassen. Sie ruft Selbsttätigkeit hervor und stärkt diese.

Der Kaiser und seine Tochter
Diese Geschichte gibt einer gepreßten Seele Kraft. Sie vermeidet eine ungesunde Herausbildung des Ego. Sie unterstützt Menschen, die unter anderen leiden. Sie hilft denen, die eine Öffnung zum Geistigen suchen. Sie bekämpft jegliche Form des Mißbrauchs von Macht. Sie hilft Menschen, die ein Kind mit einem schwierigen Charakter erziehen, und gibt ihnen den Mut durchzuhalten.

Die sieben düsteren Täler
Diese Geschichte gibt Menschen, die unter Ängsten leiden, eine Hilfestellung. Sie ermutigt zu menschlichen Begegnungen, Gesprächen und Zusammenarbeit, und sie stärkt ebenfalls den Mut, unverarbeitete Erfahrungen anzuschauen.

Der Schmetterlingsgarten

Diese Geschichte gibt Hoffnung. Hoffnung ist die Kraft, die gebraucht wird, um das Leiden in der Welt und die furchterregenden Ereignisse ertragen zu können. Die Geschichte tröstet Menschen, die etwas oder jemanden verloren haben. Sie hilft, eine geistige Orientierung zu finden.

Fee Silberschön

Diese Geschichte befähigt zur Unvoreingenommenheit. Sie gibt den Mut, zu sich selbst zu stehen, und sie gibt Kraft, wenn man sich einsam und unverstanden fühlt. Sie hilft dem Menschen in uns, der oft unterdrückt wird: dem inneren Kind.

Der undurchdringliche Wald

Diese Geschichte gibt denjenigen Menschen Kraft, die materiellen und immateriellen Versuchungen ausgesetzt sind. Sie regt die Seele an, den eigenen Schatten, der oft durch mangelnde Selbstreflexion verborgen bleibt, wahrzunehmen. Sie ruft auf zu Treue und schenkt die Seelenkraft, die man braucht, um das sogenannte »Verrückte«, das im Inneren der Seele jedoch als Weisheit lebt, zu tun.

Das Haus mit den vielen Gängen

Diese Geschichte fördert den Zusammenhalt der Seelenfunktionen Denken, Fühlen, Wollen, so daß sie sich nicht selbständig machen. Sie begünstigt eine gesunde Pubertät und hilft Erwachsenen, die noch mit Problemen aus dieser Zeit zu kämpfen haben. Sie gibt ebenfalls einen Halt in den Übergangsjahren. Sie bietet helfende Bilder zur Verarbeitung der mit der eigenen Sexualität einhergehenden Probleme. Sie gibt Kraft in chaotischen Situationen, wenn große Veränderungen im Leben stattfinden. Sie hilft der Seele, den Weg zum eigenen, eigentlichen Ich zu finden.

Der Sarg
Diese Geschichte ist für alle Übergangs- und Schwellensituationen, die in einem Zusammenhang mit Alter, zwischenmenschlichen Beziehungen oder Arbeit stehen. Sie lehrt den Menschen den Mut loszulassen. Sie hilft, die Sinngebung zu suchen.

Goldglanz
Diese Geschichte spricht von der Treue zur eigenen Lebensaufgabe. Sie gibt Menschen Kraft, die etwas opfern müssen. Sie lehrt Geistesgegenwart. Menschen, die auf der Suche sind nach helfenden Seelenbildern im Umgang mit der Sexualität, können hier fündig werden. Die Geschichte lehrt einen, zu relativieren und Geduld zu üben. Sie fördert das Zusammenstimmen von Herz und Verstand.

Der Seemann
Diese Geschichte hilft der Seele, ihre männlichen und weiblichen Kräfte zu einer Ganzheit zu vereinen. Sie stärkt die Hoffnung und gibt die Kraft, dienstbar zu sein, ganz gleich, wo dies gefragt ist.

Die einfältige Sara
Diese Geschichte stärkt den Willen, den Lebensmut und die Kraft zu kämpfen. Sie gibt die Stärke, mit eigenen, inneren Behinderungen oder mit den Behinderungen der Menschen oder Kinder in der unmittelbaren Umgebung umzugehen. Sie lehrt, die Kraft des wahren Ich des Menschen zu erkennen und diesen Wesenskern zu lieben.

Die goldene Insel

Vor langer, langer Zeit gab es einmal ein sehr großes Land. Seit uralten Zeiten wurde es von weisen Königen regiert, die von Geburt an ein goldenes Königsherz besaßen. Jedesmal, wenn ein König alt und müde wurde, wuchs irgendwo im Lande ein Kind heran, dessen Herz ebenso strahlte. Dieses Kind wurde dann zum neuen König gekrönt.

Doch leider gingen die friedlichen Zeiten zu Ende. Feinde aus fremden Regionen drangen in das Land ein. Sie trugen rote Harnische und ritten auf schwarzen Pferden. Niemand war ihnen gewachsen, und so zogen sie raubend und plündernd umher.

Schließlich erreichten sie auch die Königsburg, und der König wußte, was ihm bevorstand. Er schritt hinaus zu dem Weiher vor der Burg, auf dem ein wunderschöner weißer Schwan schwamm. Er nahm sein Schwert und schnitt sich das eigene Herz aus der Brust. Er gab es dem weißen Schwan mit dem Auftrag, das goldene Herz weit weg aufs Meer hinaus zu tragen und es dort fallen zu lassen.

Der Schwan spannte seine mächtigen Flügel aus, nahm das Herz und erhob sich. Nachdem er dreizehn Tage und Nächte ohne Unterbrechung geflogen war, ließ er das goldene Königsherz ins Meer fallen. Es sank tief, sehr tief.

Nach kurzer Zeit erhob sich aus dem Wasser, an der Stelle, an der das Herz gesunken war, eine kleine Insel. Es war eine goldene Insel, mit goldenen Bäumen, Pflanzen und Tieren. Die vielen Vögel dort legten goldene Eier, die die Weisheit, die Kraft und die Liebe der alten Könige in sich trugen. Aber wer würde hier je die goldenen Eier finden? Die Insel lag weit draußen im Meer, und der Weg dorthin war lang und voller Gefahr.

Eines Tages landete ein großer weißer Schwan auf der goldenen Insel und blieb sehr lange dort. Als er dann eines Tages die Insel wieder verließ, flog ein goldener Schwan mit ihm mit. Sobald sich die beiden Schwäne dem Land der Menschen näherten, riet der weiße Schwan dem goldenen Schwan, sich zu verstecken, weil die Menschen immer begierig nach Gold sind.

Der goldene Schwan zog sich auf einen goldenen Bergsee zurück und gab dem weißen Schwan jeden Tag ein goldenes Daunenfederchen von seiner Brust. Der weiße Schwan flog damit über die Städte, Dörfer und Wege der Menschen und ließ sie hinunterfallen, mal hier, mal dort.

Einmal war es ein kleines Mädchen, das das goldene Daunenfederchen auffing, dann war es ein Bauer, einen Tag später ein eleganter Herr, und am nächsten Tag fand eine Mutter ein Federchen im Kinderwagen. Jeder, der ein Federchen entdeckte, spürte in seinem Herzen eine starke Sehnsucht nach Weisheit, Kraft und Liebe. Sie alle bewahrten das Federchen als das kostbarste Kleinod, das sie besaßen.

Schließlich fanden sich diese Menschen zusammen und machten sich auf den Weg. Sie ließen alles zurück, was ihnen bisher in ihrem Leben wichtig war. Ganz gleich wer sie waren, wo sie wohnten oder was sie taten, sie gingen alle: Mütter, elegante Herren, dunkel- und hellhäutige Menschen, sogar Alte und Kranke. Wie von einer geheimnisvollen Kraft getrieben, zogen sie in die Berge.

Nach einer langen und mühsamen Reise erreichten sie, arm, hungrig und mit wund gelaufenen Füßen, alle einander gleich, den Bergsee. In der Mitte des Sees schwamm der goldene Schwan, und jeden Abend und jede Nacht gesellte der weiße Schwan sich zu ihm. Die Menschen staunten. So etwas Schönes hatten sie noch nie gesehen.

Als eine große Menschenmenge zusammengekommen war, erhoben sich die Schwäne und flogen in der Richtung des Meeres. Die Menschen verfolgten den Flug der Schwäne und liefen ihnen bis zum Meer hinterher, ohne auf irgendein Ungemach zu achten. Dort angekommen, flogen die beiden Vögel in die Höhe, höher und höher, bis niemand sie mehr sehen konnte. Die Menschen warteten und warteten, aber sie kehrten nicht zurück. Immer heftiger wurde die Sehnsucht nach Weisheit, Kraft und Liebe in ihrem Innern.

Manche gaben schließlich doch auf und kehrten heim, für immer gequält von einem tiefen Verlangen, das nirgendwo befriedigt wurde. Die anderen blieben und warteten voller Vertrauen ab, was passieren würde.

Nach vier Wochen lagen früh morgens plötzlich zwei Boote auf dem Wasser. Zwei offene Holzboote, aber niemand war an Bord. Einige Menschen wateten durch das Wasser und stiegen in eines der beiden Boote ein. Das Boot war alt und voller Löcher und Risse. Als genügend Leute eingestiegen waren, trieb es plötzlich davon. Erschrocken griffen die Menschen in dem Boot nach dem Bootsrand. Es gab aber kein Zurück mehr.

Am Strand standen noch immer die vielen anderen Menschen. Viele trauten sich nicht, in das zweite Boot zu steigen und kehrten stumm heim. Die Übriggebliebenen wagten es schließlich, in das andere Boot einzusteigen, aber es wurde nicht voll, und so blieb es bewegungslos liegen. Enttäuscht stiegen einige wieder aus, und die Übriggebliebenen klagten: Wie lange müssen wir noch warten bis das Boot voll ist? Sie sehnten sich danach, dem anderen Boot zu folgen.

Inzwischen war das erste Boot auf hoher See. Da schlug dann das Meerwasser über den Bootsrand, und die Menschen mußten es mit ihren Händen ausschöpfen. Dann wieder wurde das Meer ruhig, und das Boot lag still, bis jemand aus den oberen Brettern Ruder machte und die Stärksten tapfer zu rudern anfingen. Weiter ging es – aber wohin und für wie lange?

Das Regenwasser stillte den Durst dieser Menschen, und die Fische waren ihnen Nahrung. Sie sangen oft Lieder von der Sehnsucht, die sie gemeinsam hatten. Wie lange die Fahrt noch dauern würde, wußten sie nicht; sie zählten auch die Stunden und die Tage nicht, sondern hielten nur das Boot in Fahrt.

Immer wieder brachen Stürme aus: dann schlug der Regen ihnen peitschend ins Gesicht. Nirgendwo war ein Ort, der ihnen Schutz geboten hätte. Der Wind blies die Wellen meterhoch, und jeder wunderte sich, daß das kleine Boot nicht kippte und sank. Manchmal, bei Gewitter, meinten sie, am dunklen Himmel zwei leuchtende Streifen zu sehen: einen weißen und einen goldenen.

Einmal, als das Meer wieder ruhiger wurde, erblickten sie ein großes Schiff, voller Flaggen und mit leuchtenden Farben bemalt. Da sprangen einige ins Meer und versuchten, zu dem Schiff zu schwimmen, denn sie hatten genug von der ganzen Unternehmung. Die anderen wurden dann still und sangen eine Weile nicht mehr.

Aber weiter ging die Reise, endlos weiter. Nach langer, langer Zeit sahen sie in der Ferne einen Streifen. Einen goldenen Streifen. Da nun sangen sie schöner und ergreifender als je zuvor, und sie ruderten aus voller Kraft. So näherten sie sich einer goldenen Insel. Die Sehnsucht in ihrer Brust schwoll an und wurde zu einer gewaltigen Kraft, so daß sie immer schneller und schneller vorwärtskamen. Endlich legte das Boot an der goldenen Küste an, zögernd stiegen alle aus, einer nach dem anderen. Still standen sie dort, Schulter an Schulter, der eine dem anderen gleich.

Sie fanden eine goldene Schale voll goldener Eier und reichten sie herum. Jeder aß eines der goldenen Eier, und mit einem Mal verschwanden alle Sorgen, die Müdigkeit, der Schmerz und die Trauer. Die große Weisheit, Kraft und Liebe der alten Könige durchströmte sie, und ihre brennende Sehnsucht wurde gestillt. Sie fühlten sich wie neugeboren. Sie lebten und arbeiteten auf der Insel, die seit ihrer Ankunft zu wachsen schien.

Eines Morgens fanden sich am Ufer der Insel viele weiße Schwäne, sie wurden von ebensoviel goldenen begleitet. Sie standen bereit, um zum Land der Menschen zu fliegen. Und dort ließen sie viele goldene Daunenfederchen fallen. Immer mehr Menschen fanden solche Federn und spürten dann die Sehnsucht in ihrem Innern, auch sie fanden den Weg zur goldenen Insel. Und die Insel wuchs und wuchs. Man sagt, daß eines Tages alle Menschen den Weg dorthin finden werden ...

Die kleine Hexe

Es war einmal eine kleine Hexe, die ungeheuer gut zaubern konnte. Sie durchstreifte den Himmel auf einem Besen, der einen schwarzen Stiel hatte. An warmen Sommerabenden, wenn die Menschen draußen sitzen blieben, konnten sie sie hoch oben in der Luft fliegen sehen. Manchmal hörten sie sie sogar in hohen Tönen kichern und kreischen.

Die kleine Hexe verstand die Zauberkunst besser als alle anderen Hexen. Das kam daher, weil es hinter ihrem Häuschen einen geheimnisvollen Pfuhl gab. Das war kein Schlammpfuhl, sondern ein Feuerpfuhl. Flammen in vielen Farben schlängelten dort durcheinander, und heiße giftige Dämpfe stiegen auf. Dieser Feuerpfuhl lag direkt hinter ihrem Häuschen, am Fuße eines Berges. Da hier große Felsblöcke herumlagen, konnte man das Feuer von weitem gar nicht sehen. Schließlich durfte ja auch niemand wissen, warum die kleine Hexe die Geheimnisse der Zauberkunst besser als alle anderen beherrschte.

Jedesmal bei Vollmond, tauchte sie tief in den Feuerpfuhl ein, denn Furcht kannte sie nicht. Dann loderte das Feuer hoch auf, und die Flammen reichten höher und höher hinauf, als ob sie über die Felsblöcke hinaussteigen wollten. Die sengende Hitze des Feuerpfuhls ging durch die kleine Hexe hindurch, aber sie verbrannte nicht. Tiefer und tiefer tauchte sie hinab, bis sie das Feuer durchquert hatte.

Da unten, hinter dem Feuer, tat sich eine ganz andere Landschaft auf. Es wuchsen dort hohe Bäume, und Blumen blühten in einer unendlichen Farbenpracht. Wenn etwas verblüht oder ausgewachsen war, wurde es von einem geheimnisvollen Wind zum Feuerpfuhl getragen und von den Flammen verzehrt. Nirgendwo fand sich ein ausgetrockneter Busch oder ein dürrer Zweig.

Sobald die kleine Hexe hier unten ankam, fing sie an, zu springen und zu tanzen. Sie genoß von allem, was um sie herum war. Eine ganze Welt nur für sie allein! Kein Mensch, sogar keine andere Hexe war weit und breit zu sehen. Bevor sie in diese Welt eintauchte, sorgte sie immer gut dafür, daß ihr Besen sicher in ihrem Häuschen versteckt war.

Wenn sie sich eine Weile dort unten aufgehalten hatte, fühlte sich die kleine Hexe wieder rundum gestärkt. Dann kam der geheimnisvolle Wind und trieb sie zum Feuerpfuhl zurück. Auch jetzt wurde sie von den Flammen nicht verzehrt; sie tauchte wieder auf und plumpste auf einen der Felsblöcke und konnte nun ihre Zauberei wieder besser denn je ausüben.

Wer immer sie um Hilfe bat, er wurde nicht abgewiesen. Es war ihr egal, was die Leute mit ihren Mixturen und Zaubereien anstellten, wenn sie bloß zahlten. Sie ließ sich ihre Hilfe allerdings auf eine merkwürdige Art vergüten. Nicht in Geld oder Gold, denn davon besaß sie soviel sie nur wollte. Die kleine Hexe verlangte die Nächte der Bittsteller für ihre Dienstleistungen; sie liebte die Nächte der Menschen. Manchmal verlangte sie nur eine Nacht, manchmal mehrere und manchmal sogar alle Nächte.

Da die Menschen nur mit ihren Tagen und nicht mit ihren Nächten knauserten, bezahlten sie gern. Und gegen Mitternacht flog nun die kleine Hexe umher und sammelte die Menschenseelen, die ihr ihre Nächte verschrieben hatten. Sie nahm sie mit, weit, weit weg über Berge und Wälder bis zum schwarzen See der Trauer: Dort ließ sie die Seelen in dem schwarzen Wasser schwimmen, bis sie ihre Farbe verloren hatten. Gegen Morgen zu nahm sie sie wieder mit und brachte sie zu ihren Häusern. Sie gab dabei immer gut darauf acht, nicht über den Feuerpfuhl zu fliegen, weil sie wußte, daß die Seelen dann ihre eigene Farbe zurückgewinnen würden. Jedesmal nach einem solchen nächtlichen Ausflug war ihr Besen schwärzer als je zuvor.

Eines Sonntag Morgens, es war noch sehr früh, klopfte ein junges, blondes Mädchen an. Es bat die Hexe um Essen und um etwas zu trinken, denn es hatte sich verlaufen und war die ganze Nacht im Walde umhergeirrt. Die kleine Hexe sah, daß das Mädchen eine sehr farbenreiche Seele hatte, und das mochte sie besonders gern. Während das Mädchen aß, fragte die Hexe, ob es vielleicht einen Wunsch hätte, denn das Hexengesetz schreibt vor, daß ohne Menschenwunsch nicht gezaubert werden kann.

Das Mädchen hatte einen seltsamen Wunsch. In der dunklen Nacht, die es gerade hinter sich hatte, waren ihm der Mond und die Sterne ein Trost gewesen. Es wünschte, sie besser kennenzulernen.

Die kleine Hexe fühlte sehr wohl, daß dies ein gefährlicher Wunsch war, aber dennoch versprach sie dem Mädchen, daß es alles, was es wollte, kennenlernen sollte. Als Gegenleistung sollte es allerdings jede Nacht seines Lebens dem Hexchen schenken.

Das Mädchen erschrak vor diesem Preis. Es wollte keine einzige Nacht verlieren, weil gerade dann der Mond und die Sterne ihm so nah waren. Statt dessen bot es der Hexe einen echten Menschentag an. Widerwillig akzeptierte die kleine Hexe dieses Angebot, wobei sie selbst nicht verstand, warum sie so nachgiebig war.

In den folgenden Nächten lernte das Mädchen die Sterne und den Mond kennen. Es reiste von einem Stern zum anderen, und jedesmal wenn es einen Stern verließ, strahlte seine Seele mehr. Schließlich kam es zum Mond und badete sich in dem zarten und weißen Mondenlicht. Da sah es nach einer Weile weit unter sich eine feurige, farbige Glut, und auf einem Mondenstrahl glitt es sanft hinunter. Es landete neben dem Feuerpfuhl, auf einem großen Felsblock. Erstaunt sahen seine Augen die bizarren, farbigen Flammen, und es fühlte die sengende Hitze. Lange Zeit blieb es dort sitzen. Früh am nächsten Morgen kletterte es hinunter und lief zu dem Hexenhäuschen. In seinem Herzen trug das Mädchen ein feuriges Geheimnis.

Nun forderte die kleine Hexe ausgerechnet an diesem Tag den versprochenen Menschentag, und bevor das Mädchen wußte, wie ihm geschah, nahm ein goldener Sonnenstrahl die kleine Hexe mit. Es selbst aber blieb mit dem schwarzen Hexenbesen zurück. Eine nie gekannte Unruhe quälte nun das Mädchen. Es beschloß, den schwarzen Besen auszuprobieren. Würde es auch fliegen können?

Was aber war das? Sobald es den Besen in die Hand nahm, begannen viele gefangene Menschenseelen zu klagen. Sie hatten in den dunklen Nächten nicht nur ihre Farbe, sondern auch sich selbst verloren. Voller Mitleid nahm das Mädchen den Besen mit dem schwarzen Besenstiel mit. Es ging zu dem Feuerpfuhl, und ohne viel zu überlegen, warf es ihn in die Flammen, die jetzt höher als je aufloderten. Sonderbare, schwarze Rauchfähnchen kringelten sich hoch.

Das Mädchen kletterte auf die Felsblöcke und sprang dem Besen hinterher. In einer hellen gläsernen Blase wurde es wohlbehütet hinuntergetragen. Voller Verwunderung schaute es die schöne Landschaft dort unten an. Überall wuchsen hohe Bäume, und alles blühte und duftete. All seine Sternenfarben leuchteten hier auf, und es fühlte sich völlig zu Hause.

Der geheimnisvolle Wind näherte sich dem Mädchen. Er umfaßte es und schwebte mit ihm zu einem prächtigen Schloß, das in Form eines Sterns gebaut war. An dessen Rückseite befand sich ein Mondenturm. Das Mädchen öffnete die großen Tore, aber es sah niemanden. Das Schloß schien unbewohnt zu sein.

Es lief durch alle Zimmer, und jedes Zimmer hatte die Form und die Farbe eines anderen Sterns. Damit es sich nicht verirren würde, schrieb es den Namen des jeweiligen Sterns auf die Tür, bis es zu einem runden Zimmer ohne

Fenster kam. Dort sah es ein einfaches Bett, worauf ein alter Mann lag. Zuerst dachte es, daß er gestorben sei, aber als es ihn berührte, öffnete er die Augen. Solch schöne, liebevolle Augen hatte das Mädchen noch nie gesehen, sie glänzten wie Sterne, und es konnte nicht anders, als die Augen zu küssen.

Da wurde mit einem Male alles anders. Gewitterblitze durchrissen die Luft, und der Donner erschütterte das Schloß. Durch die Wände hindurch erschien eine Feuerflamme, die das ganze Zimmer hell erleuchtete.

Der alte Mann stand auf. Von dem Mädchen unterstützt, ging er zu der Feuerflamme. Im Nu verwandelte sich der alte Mann in einen schönen Jüngling, der das Mädchen liebevoll ansah. Es schien, als ob beider Augen das gleiche Geheimnis kannten. Sie sanken einander in die Arme und wußten, daß sie beide das, was sie gesucht hatten, gefunden hatten.

Zusammen gingen sie hinaus, aber nichts war wie vorher. Der Feuerpfuhl war verschwunden, und die schöne Landschaft war aufgestiegen und lag nun am Fuße des Berges. Das Hexenhäuschen war nicht mehr da. An der Stelle, wo es gestanden hatte, fanden sie einen goldenen Ring, der strahlte wie die Sonne. Das Mädchen schob den Ring an den Finger, und er paßte genau. Es wußte nun, daß die goldene Sonnenkraft des Menschentages die kleine Hexe aufgenommen hatte und sie von ihrer ewigen Sehnsucht nach Nächten und Seelenfarben befreit hatte. Der Ring gab dem Mädchen Kraft und Wärme, und es trug ihn sein ganzes Leben.

Der verjüngte Mann und das erwachsene Mädchen heirateten, und sie bekamen sieben Sternenkinder, die aufwuchsen und sich prächtig entwickelten. Jeder, der ihnen begegnete, freute sich. Viele Menschen besuchten ihr Land, und weil es dort fruchtbar und friedlich war, blieben sie zum Wohnen und Arbeiten.

Prinz Farduk

In einem Land im Fernen Osten lebte einmal ein schöner Prinz. Er hieß Farduk und war der Liebling seines Volkes. Prinz Farduk besaß alles, was man sich im Leben wünschen kann: Er war schön, stark im Kampfe, reich an Geld und Ansehen, und er wurde von manch einer schönen Prinzessin geliebt. Seine Eltern waren stolz auf ihn, und die Menschen jubelten wenn er vorbeifuhr.

Aber Prinz Farduk war nicht zufrieden. Angst und Unzufriedenheit nagten an seiner Seele. Er wollte im Leben mehr erleben als nur das Wunderschöne, das ihm geschenkt worden war!

Eines Tages verabschiedete er sich von allen, die ihm nahe standen, und zog mit seinem Pferd in die Berge. Unendlich groß war das Gebirge. Mächtige, schneebedeckte Berggipfel, die gen Himmel strebten, umgaben ihn. Sein Pferd brachte ihn weit hinauf, aber schließlich gab es keinen Pfad mehr für es. Der Prinz ließ sein Pferd in einem Bergdorf zurück und zog zu Fuß weiter. Er suchte etwas und glaubte mit Sicherheit zu wissen, daß die Berge es verborgen hielten.

Jeden Tag bewunderte er die herrliche Natur mit ihren Steinen, den Schnee und die schnellen Bergziegen. Wasserfälle stürzten Hunderte von Metern in die Tiefe, und der große Adler flog hoch über ihm. Aber so schön das Gebirge auch war, der Prinz fand nicht, was er suchte. Seine Kleider sahen verschlissen aus, sein Körper litt unter Hunger und Kälte, und seine Füße waren wie Eisklumpen.

Farduks beste Jahre verstrichen. Die lieblichen Prinzessinnen heirateten andere Prinzen, und seine Eltern wurden alt und müde. Das Volk schimpfte über den verschwundenen Prinzen, der einfach sein Land im Stich gelassen hatte. Der

Prinz fühlte dies alles sehr wohl in seinem Herzen, aber es hielt ihn nicht davon ab, weiterzugehen.

Er wurde eins mit den Bergen und kannte sie wie kein anderer. Er kannte die Steine und die Felsblöcke, als ob sie seine eigenen Arme und Beine wären. Er verstand die spitzen Gipfel, als ob sie seine eigenen Gedanken wären.

Und dann fand er eines Tages in einer tiefen Höhle an der Nordseite eines steilen Hanges das, was er schon so lange suchte. Er fand es durch Zufall, als er über ein paar lose Steine stolperte und ein Stückchen den Hang herunterglitt. Er kam vor einer Höhle zum Stillstand. Um den Eingang herum blühten Rosen, und voller Verwunderung bestaunte Farduk sie. Hier, so hoch in den Bergen blühten sonst nirgends Rosen. Aber seine Augen betrogen ihn nicht; prächtige, große, rote Rosen, die herrlich dufteten, hoben sich ganz hell von der dunklen Felswand ab.

Ein Einsiedler kam heraus aus der Höhle, nahm den Prinzen bei der Hand und führte ihn tief in den dunklen Felsen hinein. Der Prinz zögerte nicht. Er war sich sicher, daß er zu diesem Zweck so viel hatte aushalten müssen.

Der Einsiedler stellte ihm drei Fragen: »Weißt du, oh Prinz, was Gerechtigkeit ist?« Und der Prinz wußte, was Gerechtigkeit ist, weil sein Urteil ehrlich und klar war.

»Weißt du, oh Prinz, was Liebe ist?« Und der Prinz wußte auch, was Liebe ist, denn sein Herz kannte die große Sehnsucht und die große Geduld.

»Weißt du, oh Prinz, was der Mensch ist?« – Aber der Prinz wußte nicht, was der Mensch ist.

Der Einsiedler nahm ihn noch weiter in die Höhle hinein mit. Da stand ein kristallener Becher, und er hieß den Prinzen, diesen zu leeren. Farduk fragte den alten Mann, was in dem Becher sei. Der Einsiedler antwortete: »In diesem Becher sind meine Tränen gesammelt, jeden Tag eine, bis du gekommen bist. Trink den Becher leer, und du wirst wissen, was der Mensch ist.«

Prinz Farduk leerte den Becher bis zum letzten Tropfen. Jetzt verwandelte der alte Einsiedler sich. Er bebte und zitterte, und sein ärmliches Äußeres verwandelte sich in eine strahlende Gestalt. Schöner als Farduk je gewesen war und jünger stand dort der Einsiedler. Er gab Farduk den leeren Becher, küßte ihn auf die Stirn und ging fort. Mit schnellen, leichten Schritten, wie eine Gazelle lief er über die Bergpfade, auf dem Weg zur bewohnten Welt. Prinz Farduk hingegen fühlte wie seine Haut faltig und dürr wurde, sein Rücken beugte sich, und seine Knie wurden weich. Eine erste Träne fiel in den leeren Becher. Die Rosen am Eingang welkten und fielen ab. Es war, als ob es sie nie gegeben hätte.

Prinz Farduk saß lange Zeit still da, stiller als ein Mensch sein kann, und dann sah er eine neue Aufgabe vor sich. Mit scharfen Steinen fing er an, die Grotte tiefer und tiefer auszuhöhlen. Seine Hände bebten und bluteten schließlich, aber jeden Tag hackte der Prinz von neuem die Höhle weiter aus. Millimeter für Millimeter kam er voran; langsamer als bei sonst einer Arbeit, die von Menschenhänden verrichtet wird.

Prinz Farduks Jahre schmolzen wie Schnee an der Sonne. Seine Eltern starben. Feinde eroberten das Land, und sein Volk stöhnte vor Elend und hatte alle Hoffnung auf bessere Zeiten verloren. Der Prinz fühlte dies alles in seinem Herzen, und der große Becher füllte sich, jeden Tag mit einem Tropfen mehr.

Nach langen Jahren spaltete sich eines Tages das schwere Gestein. Ein schmaler Durchgang wurde sichtbar, und der alte Prinz trat hindurch. Plötzlich hörte er frohen Gesang, er sah helle Frühlingsfarben und roch viele leichte Blumendüfte. Schmetterlinge flogen um ihn herum, und Farduk wußte nicht, wie ihm geschah. Es gab grünes saftiges Gras und blühende Pfirsichbäume.

Inmitten dieser Pracht lief ein kleines Kind umher, das wie in einen strahlenden Glanz gehüllt schien. Es lief auf den

Prinzen zu und nahm den Becher voller Leid. Das Kind lachte und bat Farduk, den Becher selbst zu leeren, damit er niemandem zur Last werden würde. Der Prinz zögerte nicht und leerte den Becher. Das Kind lachte wieder und freute sich über soviel Mut und sagte dem Prinzen: »Jetzt weißt du, was der Mensch ist und wie er sein kann.«

Und da nahm der Prinz das Kind in die Arme und trug es durch den schmalen Durchgang, der zurück in die Höhle führte. Von hier lief er mit dem Kind hinaus vor die Höhle, und beide sahen sie, daß die ganze Bergwand voll von blühenden Rosen war.

Prinz Farduk nahm einen Arm voll blühender Rosen mit. Zusammen liefen sie die Bergpfade hinunter und der Prinz war stark und froh und wunderschön anzusehen. Er lief so lange, bis er das Grab seiner Eltern fand und bedeckte es mit den Rosen. Danach trug er das Kind zu dem königlichen Palast, und es bestieg den Thron und verscheuchte das feindliche Gesindel. Und keiner, der Dunkelheit in sich trug, konnte den Augen des strahlenden Kindes widerstehen.

Das Volk fühlte, daß es befreit war und daß neue Zeiten angebrochen waren. Die Menschen jauchzten und jubelten Prinz Farduk und dem Lichtkind zu. Der Prinz ließ das Kind nie im Stich und blieb dessen Diener, wohin das Leben es auch brachte. Das Kind wurde nicht alt und nie müde, und es leuchtete strahlend über alle Teile der Erde, wo Menschen in Not waren.

Prinz Farduk lebte bis zu seinem Ende ein Leben voller Gerechtigkeit und Liebe, wissend, was ein Mensch ist und wissend, was aus einem Menschen werden kann.

Die tiefe Schlucht

Hoch in den Bergen, zwischen unzugänglichen Felsen, lag eine tiefe Schlucht. Kaum jemand verirrte sich hierher, denn zum einen war es dort viel zu gefährlich, und zum anderen gab es auch gar keinen Grund, dorthin zu gehen. Die Wege, die die Dörfer der Umgebung miteinander verbanden, liefen durch die Talsohlen, und die Menschen vermieden es tunlichst, irgendwelche Klettertouren zu unternehmen.

Die Felsen in der Nähe der Schlucht waren schwarz und glänzend. Wie gefährliche Riesen schauten sie über die Täler. Es sah so aus, als wollten diese Riesen die tiefe Schlucht, die da hoch in den Bergen lag, verborgen halten. Sie war so tief, daß niemand den Grund sehen oder auch nur ahnen konnte. Die Wände waren schroff und glatt, und kein Strauch oder Grasbüschel konnte dort gedeihen. Während überall an den anderen Berghängen im Sommer Alpenrosen und kleine helle Blumen die Landschaft mit allerlei Farben belebten, zeigten die glatten schwarzen Wände der Schlucht keine einzige Farbe.

Die Menschen erzählten sich unheimliche Geschichten über die Schlucht. Der eine sagte, dort wohnten Berggeister, die Steine ins Tal würfen. Ein anderer meinte genau zu wissen, daß giftige unterirdische Schlangen da ihren Brutplatz hätten. Ein Dritter wiederum behauptete, der leibhaftige Teufel habe dort sein irdisches Versteck. In Wirklichkeit wußte niemand so genau Bescheid, denn es war keiner je in der Schlucht gewesen.

In dem Tal, das der Schlucht am nächsten lag, gab es ein kleines Dörfchen. Die Menschen, die dort lebten, waren still und eingeschüchtert. Hier hörte man keine Glocken und Kuhschellen läuten wie in anderen Dörfern, und auch kein Haus wurde hier im Sommer mit blühenden Blumen geschmückt. Nicht einmal die Kinder spielten hier fröhlich und laut. Sie blieben meist in den Häusern, und erst wenn der Winter kam und der Schnee alles zudeckte, kamen sie heraus, um zu spielen. Dann waren die Berge weniger drohend, denn die dunklen Riesen trugen nun alle schneeweiße Hüte und Mäntel. Und dennoch wußten die Kinder nur zu gut, daß der freundliche Mantel im Frühjahr als gefährliche Lawine zu Tal donnern und Menschen, Tiere und Häuser unter einer meterdicken Schneeschicht begraben konnte.

Kamen Menschen in das kleine Dorf zu Besuch, so fühlten sie sich sehr bald bedrückt und reisten so schnell wie möglich wieder ab.

Eines Tages, im Spätherbst, kam ein junger Landstreicher in das Dorf. Er verriet seinen Namen nicht, bat aber die Leute um ein Plätzchen, wo er den Winter über bleiben könnte. Die Leute verspotteten ihn und seine ärmliche Erscheinung und schlossen ihre Türe vor ihm. Doch der Landstreicher ließ sich nicht beirren und bat weiter um Unterkunft. Da lachten die Menschen und riefen spottend: »Geh doch hinauf in die Berge, da gibt es eine Unterkunft, die noch frei ist, dort kannst du überwintern!«

Der Landstreicher nahm die spottenden Worte für bare Münze und wollte mehr über die Schlucht wissen. Lachend berichteten sie ihm das Wenige, was sie wußten, und der Vagabund beschloß, dorthin zu gehen. Eine Bauersfrau, die nun doch Mitleid mit ihm hatte, schenkte ihm einen Schafspelz und einen Beutel mit Essen und Trinken.

»Ich werde dich nicht vergessen«, sprach der Landstreicher und reichte ihr ernst die Hand zum Abschied. Die Dorfbewohner sahen sprachlos zu, wie er geschickt und sicher die Hänge des Gebirges erklomm. Der Fremdling sei wohl nicht ganz richtig im Kopf, sagten sie sich, und dann machten sie sich wieder an ihre gewohnte Arbeit.

Die Bäuerin schaute ihm noch lange nach, aber zuletzt verlor sie ihn aus den Augen und ging in ihr Haus zurück. Von diesem Tag an schien es, als wäre ihren Händen eine goldene Kraft geschenkt worden, denn über allem, was sie tat, lag ein Segen, und viel Glück wurde ihr zuteil.

Der kleine Landstreicher unterdessen wußte genau, daß er eine an sich unmögliche Reise angetreten hatte. »Um so wichtiger ist es, daß endlich jemand diese Reise unternimmt«, dachte der tapfere kleine Vagabund und setzte seinen steilen Weg fort. Den ersten Teil brachte er mühelos hinter sich. Die Hänge waren noch nicht so steil, und es lagen überall Felsblöcke, an denen er sich festhalten konnte. Hoch über ihm flog ein großer dunkler Vogel, der ihn genau beobachtete. Der kleine Landstreicher wußte, daß der Vogel dort war, aber er blickte kein einziges Mal zu ihm auf. Im Gegenteil, er achtete nur darauf, daß seine Füße den richtigen Weg fanden.

In der Nacht schlief er unter seinem Schaffell in einer Felsspalte oder unter einem überhängendem Felsen. Tausende von Sternen blinkten ihm zu, und es schien, als führte er ein stilles Gespräch mit ihnen.

Immer höher drang er in das Gebirge vor. Seine Kleider waren zerfetzt, und seine Haut war rauh und voller Wunden. Blasen bedeckten seine Füße, und sein Vorratsbeutel leerte sich immer weiter, so sparsam er auch lebte.

Schließlich waren die Berggipfel bedrohlich nahegerückt; dunkel und geheimnisvoll erhoben sie sich über dem Wanderer und nahmen ihm die Sicht auf alles, was dahinter lag. Und da stand er auf einmal am Rande der dunklen, tiefen Schlucht. Solch einen tiefen Abgrund hatte der Landstreicher noch nie gesehen, obwohl er auf seinen Reisen doch schon vielem, was andere nur aus Geschichten und vom Hörensagen kannten, begegnet war.

Hier durfte er also wohnen. Ein eisiger Wind pfiff, und erste Schneeflocken fielen vom Himmel. Der Landstreicher nahm sein Schaffell und begann, aus der warmen Wolle einen Faden zu spinnen. Er brauchte dazu nur ein kleines Stöckchen. Geduldig und ausdauernd spann er einen sehr langen Faden. Dann teilte er den Faden in drei und flocht ein starkes Seil daraus. Er befestigte das Seil an einem riesigen Felsblock und ließ sich dann ganz langsam daran in die Schlucht hinunter. Sein dünner Leib erfror beinahe, aber er schien genau zu wissen, was er tat.

Tiefer und tiefer glitt er an dem Seil in die Schlucht hinunter, bis der Himmel nur noch ein dünner blauer Strich hoch über ihm war. Er spürte, daß seine Kräfte nicht mehr ausreichen würden, um wieder hinaufzuklettern, und wußte somit, daß er nur noch tiefer hinabsteigen konnte.

Scharfe Kanten zerschnitten ihm die Haut, und oft stieß er sich an den harten Wänden. Schließlich war er am Ende des Seils angelangt. Um ihn herum war es stockfinster, so daß er nicht erkennen konnte, wie weit es bis zum Grund noch war. – Oder gab es vielleicht gar keinen Grund?

Eine Weile hing er so, mehr tot als lebendig, dann ließ er los, ließ sich hinunterfallen. Einen Augenblick lang fühlte er eine unendliche Leere, ein Nichts oder den Tod, und kalte Luft pfiff ihm um die Ohren. Dann, plötzlich schlug er heftig auf; er war am Boden. Verletzt und mit verrenkten Gliedern lag er da, und wer ihn jetzt hätte sehen können, der hätte ihn für tot gehalten. Aber sein Herz schlug noch, und nach einer Weile öffnete er die Augen. Es gelang ihm, den Vorratsbeutel vom Rücken zu holen und ihn aufzuknoten. Das letzte Stückchen Brot und ein letzter Schluck Wasser erweckten ihn wieder zum Leben. Dann holte er eine Kerze und eine halbvolle Schachtel Streichhölzer aus seiner Hosentasche.

Nun erhellte ein schwaches Licht die Umgebung. Da saßen in einem Kreis um den Wanderer herum sieben schweigende Geister. Jeder von ihnen trug auf seiner Stirn geheime Zeichen, die für die Art seines besonderen Wissens standen.

Der erste Geist, der der Geist der Erde und ihrer Lebewesen war, sprach zu dem Landstreicher, »Wir danken dir, daß du gekommen bist, denn durch dich können wir das Land der Menschen wieder erreichen. Erst wenn wir von einem Menschen befreit werden, können wir wieder hinausgelangen und überall helfen, wo unsere Weisheit vonnöten ist. Wenn wir uns alle sieben aufeinander stellen, bilden wir eine Leiter bis zu deinem Seil und können daran emporklettern.«

Der Geist der Krankheit, der Gesundheit und der Todessehnsucht ging auf den jungen Landstreicher zu und berührte ihn vorsichtig. Da fühlte dieser, daß neue Lebenskräfte ihn durchströmten und seine fast erstorbenen Glieder stärkten.

Der Geist der Zeitenordnung verbeugte sich tief vor dem Wanderer und erfüllte ihn mit dem Bewußtsein von Raum und Zeit. Er schwieg, denn Zeit und Ordnung machen nicht viele Worte.

Dann kam der Geist, dem aller Kummer und alle Freude offenbar war. Er segnete den Wanderer, und alles vergangene Leid verwandelte sich in Lebensweisheit.

Der fünfte Geist trug alle Erkenntnis der Vergangenheit und der Zukunft in sich. Er erleuchtete die Stirn des Landstreichers, und zwischen dessen Augen erschien ein Kristall, durch den er im selben Augenblick den Sinn seines Lebens und seine weitere Zukunft erfassen konnte.

Der sechste Geist trug einen schweren goldenen Stein, den er dem jungen Wanderer feierlich in die Hand legte. Dieser sah, daß es Gold war, und ihm wurde klar, wieviel Schwere und Schmerz in allen stofflichen Dingen liegt.

Der siebte Geist war der Geist der Liebe, die alle Weisheit verbindet. Mit Hingabe all seiner Kraft und Zärtlichkeit schloß er den jungen Mann in seine Arme. Dieser fühlte nun eine tiefes, umfassendes Vertrauen in die Welt und ihre Schöpfer, und große Dankbarkeit erfüllte ihn.

Der siebte Geist lief zu der Wand, an der die anderen bereits eine Leiter gebildet hatten, und klomm leicht und sicher nach oben, wobei er den Wanderer schützend trug. Der unterste Geist klomm nun in die Höhe, während die anderen aneinanderhingen. So stützten sie sich gegenseitig, bis der letzte das Seil erreicht hatte. Mühelos kletterten sie hinauf und über den Rand der Schlucht.

Als der Geist der Liebe den Landstreicher wieder auf die Erde setzte, war oben in den Bergen alles verwandelt. Es war Frühling, und auf den Berghängen blühten überall Blumen und wuchs junges, hellgrünes Gras. Schafe grasten auf den Almen, sie wurden von fröhlichen Mädchen und Jungen gehütet. Der Landstreicher schaute sich nach der Schlucht um, aber wie durch ein Wunder war sie verschwunden. Es war, als wäre der Berg von einer uralten Wunde geheilt.

Die Geister gingen in verschiedene Himmelsrichtungen, jeder nach seiner Art. Der kleine Landstreicher folgte ihren Spuren und gönnte sich keine Ruhe. Hoch über sich sah er einen großen weißen Vogel, der ihm folgte, wohin er auch ging. Wo immer er hinkam, schenkte er den Menschen etwas von seiner Weisheit, und überall wo er abreiste, trat der Frühling ein.

Wer ihn nach der Quelle seiner Weisheit fragte, den schickte er in alle Richtungen, den Geistern, die der Welt dienen, hinterher.

Der Junker, der ein Landmann wurde

Es war einmal ein großes Landgut. Dort lebte ein nobler Gutsbesitzer, der mehrere Pächter hatte, die das Land eifrig und erfolgreich bewirtschafteten. Der Boden war fruchtbar und lieferte jedes Jahr eine reiche Ernte. Der Gutsbesitzer war streng aber gütig und jeder, der auf seinem Anwesen seinen Möglichkeiten entsprechend arbeitete, konnte auf seine Unterstützung rechnen.

Außer den fruchtbaren Ländereien besaß der Gutsbesitzer noch einen großen Landstrich, der leider sumpfig war. Kein Mensch traute sich je dort hin, weil der Sumpf einem nur zu schnell das Leben kosten könnte. Warum sollte man sich unnötig solch einem Risiko aussetzen?

Nun war aber der Gutsbesitzer noch mit einem großen Unglück geschlagen. Er hatte nur einen einzigen Sohn, und der war alles, was der Vater nicht war: faul und bequem, verschwenderisch und arrogant. Man nannte ihn den Junker. Im Laufe der Jahre machte der Vater sich immer mehr Sorgen um ihn. Wie würde er mit dem Erbe, das ihm irgendwann zustehen würde, umgehen?

Schließlich beschloß der Vater, sich von seinem Sohn zu trennen, denn dieser sollte seinen eigenen Besitz erwerben, statt einfach den seines Vaters zu erben. Er rief den jungen Mann zu sich, verbarg sein bedrücktes Herz und sagte ihm, was er vorhatte. Wie zu erwarten, war der Junker mit diesen Plänen nicht gerade einverstanden. Er fluchte und schnaufte und lief tagelang wie eine Donnerwolke durchs Haus. Deswegen vergaß er das richtige Gepäck mitzunehmen, als er endlich doch zu Pferd das Gut verließ. Er hatte nur seine kostbaren Kleider, seine nackten Hände und das schmollende Gesicht dabei.

Er ritt nicht weit. Denn er beschloß, sich bei dem letzten Bauern an der Grenze der väterlichen Ländereien einzuquartieren. Dahinter gab es nur noch dunkle Sümpfe, und der Junker hatte keine Lust, sich einen Weg dort hindurch zu suchen.

Der Bauer kannte den Junker, aber er tat, als begegne ihm ein Fremdling. Er gab ihm etwas zu essen und zu trinken und ein gutes Bett. Doch am nächsten Tag schon drückte er ihm Werkzeug in die Hand und sagte ihm, er solle mit aufs Feld gehen. »Hier gibt es kein Essen, ohne daß gearbeitet wird«, sagte er, »und deshalb mußt du an die Arbeit oder du stirbst halt den Hungertod.«

Der Junker entschied sich für das Leben und die Arbeit. Leider hatte sein Körper sich zwar bei Spaß und Spiel entwickelt, aber nicht bei schweißtreibender Arbeit. Auf seinen Händen bildeten sich schmerzende Schwielen und auf seinen Füßen dicke Blasen. Sein Rücken krümmte und dehnte sich, und er trug seinen Körper wie eine schwere Last. »Hierfür bin ich nicht geschaffen«, dachte der Junker, und er fragte den Bauern, ob es denn keinen Ausweg aus diesem grausamen Dasein gäbe. Der Bauer schaute den stämmigen, jungen Mann an und sah die schlaffen Gesichtszüge und die matten Augen. »Wer den Sumpf trockenlegt und die Sumpfprinzessin befreit, der darf dort Gutsbesitzer sein«, sagte der Bauer. »Unser Gutsbesitzer hat es uns versprochen, aber wir Bauern sind auch so zufrieden und lassen den Sumpf in Ruhe.«

Der Junker war es jedoch nicht. Immer öfter schlich er zu dem Sumpfgebiet. Stimmen lockten ihn: »Nimm mich mit! Komm hierher! Deine Arbeit ist umsonst!« Eines Abends wurde die Verführung so stark, daß sich der Junker hineinwagte. Aber ein fauler Geruch stieg auf, und er verlor sehr schnell sein Gleichgewicht. Laut schrie er um Hilfe, bis der Bauer und seine Knechte ihn hörten. Sie kamen herbeigerannt, warfen ihm ein dickes Seil zu und zogen ihn mit vereinten Kräften aus dem Morast heraus. Er war bedeckt mit ekligem, triefendem Schlamm, und es brauchte viele Eimer Wasser, bis er wieder einigermaßen wie ein Junker aussah.

Aber der Sumpf ließ ihn nicht los. Er versprach ihm Freiheit, Reichtum und Ansehen. »Hör auf mit der dummen Bauernarbeit und fang mit der richtigen Arbeit an!« flüsterten die Sumpfstimmen tief in seinem Innern. Sie konnten nicht abgespült werden. Der Junker arbeitete immer weniger und suchte immer intensiver nach einem Mittel, mit dem er den Sumpf unterwerfen könnte.

Eines Tages hörte er eine liebliche Stimme, die von weit her über das sumpfige Wasser tönte. »Wer kommt und befreit mich?« sang die Stimme, »Wer bahnt den schweren Weg?« Der Junker dachte an eine bildschöne Dame und spähte in die Ferne. Eine Sekunde lang meinte er, ein helles Gewand schweben zu sehen. Jetzt beschloß er, den Sumpf und seine Geheimnisse zu bezwingen. Mit seinen Füßen tastete er nach einigermaßen sicheren Stellen und ging so immer tiefer und tiefer in den Morast hinein. Der Sumpf sog an ihm, aber noch immer konnte er sich bewegen. Die Stimmen schwiegen, als hätten sie ihre Aufgabe erledigt. Immer weiter lief er, seine Beine mühsam aus dem Sumpf ziehend und sich wieder weitertastend.

Die Dämmerung brach ein. Schatten stiegen auf aus dem Sumpf und spielten um seine klammen Beine. Er schauerte. Wo waren seine Laterne und sein Stock? Die bräuchte er jetzt! Dann hätte er die Tiefe gelotet, und er hätte sich selbst mit der Laterne leuchten können. Aber er war begierig gewesen und aus dem Grund auch dumm und hatte nichts mitgenommen. Nichts zu essen, nichts zu trinken, kein Licht, keinen Kompaß.

Immer tiefer zog der Sumpf ihn hinab, da kam es ihm vor, als hätte er keine Beine mehr. Immer mühsamer kam er voran, und weil der Mut nicht sein bester Freund war, überfiel ihn schon bald die Angst. Ein tiefer, tödlicher

Trübsinn übermannte ihn. Die Sinnlosigkeit seiner Unternehmung wurde ihm deutlich, und weil er nie das Kämpfen gelernt hatte, gab er sich auf und ließ sich weggleiten.

Plötzlich fühlte er einen Ruck an den Haaren. Über ihm schwebte eine helle, liebliche Gestalt. »Ich bin deine Seele«, sprach die Lichtgestalt, »und sterbe hier mit dir, es sei denn du willst mich und dich retten.«

Der Sumpf hatte den Junker jetzt schon bis zur Brusthöhe in seinem fatalen Griff. Der Junker richtete seine dunklen, öden Augen auf die schwebende Gestalt über ihm. »Meine Seele bist du? Dann laß uns zusammen sein«, bat er, und er tat es so innig, wie er in seinem Leben noch kein Gebet gesprochen hatte. Nun streckte er sehnsüchtig die Arme nach ihr aus, aber sie war nie da, wo er hingriff. Versuchte er, sie vor sich zu greifen, so war sie plötzlich hinter ihm, und versuchte er, sie hinter sich zu ergreifen, so war sie vor ihm.

Zu guter Letzt brach der Morgen an, und die ersten Sonnenstrahlen fielen auf den Junker und auf seine ungreifbare Seele. Die Sonne drängte den Sumpf mit goldener Kraft zurück, so daß ein festes Inselchen entstand. Der Junker dankte der Sonne und ließ sich von ihr trocknen. Erschöpft schlief er ein. Drei Tage und drei Nächte schlief er, ohne aufzuwachen, bis die Sonne ihn erneut weckte.

Wie ein neuer Mensch rieb er sich die Augen. Seine Seele sprach in seiner Brust, aber sehen konnte er sie nicht mehr. Sie sagte ihm, er solle, mit seinen Händen, tiefe Furchen in den Sumpf graben und aus dem aufgeschütteten Schlamm, einen Pfad machen.

Das Wasser lief in die Rinnen hinein und die langen Schlammdeiche trockneten in der warmen Sonne. Die Arbeit war viel schwerer als die Bauernarbeit, für die der Junker sich zu gut gewesen war, aber er arbeitete, sang dabei und klagte nicht. Immer länger wurde der Pfad über den Deich, und immer klarer wurde das Wasser in den gegrabenen Furchen.

Der Junker nährte sich von Himmelswasser und von Beeren und Samen, die die Vögel ihm brachten. Er wurde stärker als ein Bär, geduldig wie ein weiser, alter Mann und liebevoll wie das Lichtwesen, das er in sich trug. Und jeden Morgen dankte er dem hellen Tag, der ihm bei der Arbeit half.

So verstrich sehr viel Zeit, aber schließlich erreichte der Junker die andere Seite des Sumpfes. Da dort ein blutiger Kampf wütete, wurde ihm auch jetzt keine Ruhe gegönnt. Sieben Armeen mit geharnischten Soldaten kämpften ohne Erbarmen einen endlosen Kampf gegeneinander. Der Junker brach einen Ast von einem Baum, der war so dick wie ein Pferdeleib, und sprang zwischen die kämpfenden Truppen. Kurz hielten sie inne, und der Junker rief so laut er nur konnte: »Werft eure Harnische fort und helft mir bei einem Kampf, den jeder gewinnen kann und keiner zu verlieren braucht!« Und er schwang den Ast dreimal über seinem Kopf, damit jeder sehen konnte, wie stark er war.

Die Soldaten hörten auf ihn. Ein Kampf ohne Verlierer, das war es, was sie suchten! Schnell legten sie ihre Harnische ab und versammelten sich um ihren neuen Führer. Der Junker brachte ihnen die Arbeit im Sumpf bei, und da er mit gutem Vorbild voranging, zweifelten sie nicht mehr, und schon bald bauten sie alle Deiche und Gräben. Die Vögel brachten Samen, und wo der Junker mit seinen Soldaten fertig war, wuchsen bald darauf Wiesen mit Blumen, Schmetterlingen und Bienen.

Aber sie ahnten nicht, daß dem Schwarzen Säer eines Tages das Waffengeklirr seiner sieben Armeen fehlen würde. Er war es, der sie darauf angesetzt hatte, ihren sinnlosen Kampf anzufangen, und er war wütend darüber, daß sie den Streit beendet hatten. Der Schwarze Säer sah die viele gute Arbeit, und sein bitteres Herz konnte nur Böses darüber denken. Er beschloß, sich selbst in der Mitte des Sumpfes in der Gestalt einer dunklen Schlange einzugraben, damit der Junker und alle Soldaten verschlungen würden. Und so wandelbar wie der Schwarze Säer war, verwandelte er sich. In der Gestalt einer dunklen, schwarzen Schlange überwachte er die Mitte des Sumpfes.

Aber die helle Seele des Junkers hatte den fallenden Schatten gesehen, und sie befahl dem Junker, mitten in der Nacht aufzustehen. Seine einzige Waffe war ein selbstgemachter Spaten, dessen Stiel aber so dick war wie der Arm eines Mannes. Dieser Spaten war stark wie zehn andere zusammen. Ohne Angst suchte der Junker die Schlange, und um Mitternacht fühlte er ihren zischenden, stinkenden Atem in seinem Nacken. Schnell drehte er sich um, und mit Mut und Liebe blickte er der Schlange in ihre falschen, grünen Augen. Seele und Junker, beide schauten sie. Die Schlange zitterte vor diesem Blick und bog den Kopf vor. Jetzt nahm der Junker seinen Spaten und schlug der Schlang mit einem Male den Kopf vom Leib. Ein Blitz durchzuckte die dunkle Nacht und beleuchtete alles, was verborgen bleiben wollte. In diesem Licht verschwand der Schlangenleichnam, und im selben Augenblick war eine klare Fontäne zu sehen, aus der das Licht wie ein heller Strahl emporschoß und plätschernd in ein großes, weißes Marmorbecken fiel.

Die Soldaten, vom Blitz geweckt, schauten mit offenen Mündern zu und sangen das Lied des Sieges. Jeder trank von dem klaren Wasser, und in den darauffolgenden Tagen war ihre Kraft versiebenfacht. Schneller und freudiger als je taten sie ihre Arbeit, und in kürzester Zeit wurde das Sumpfgebiet in eine große, fruchtbare Ebene verwandelt.

Am Rand des Sumpfes angelangt, sah der Junker einen alten Mann, der ihm zu Pferd entgegenritt. Es war sein Vater, der Gutsbesitzer. Voller Freude begrüßten sie sich, und der Vater schenkte ihm das alte Erbe ebenso wie die urbar gemachten Gebiete. Zusammen pflanzten sie dort Eichen, Buchen und viele andere Bäume. Es wurde ein gutes Land, auf dem die Soldaten Häuser bauten und voller Freude die

Arbeit von Bauern übernahmen. Der alte Vater verlebte seine letzten Lebenstage in Frieden, und gelassen legte er die Sorge für die Ländereien und ihre Bewohner in die Hände seines Sohnes.

Der Kaiser und seine Tochter

Es war einmal ein junger und starker Prinz, der eroberte durch blutige Kämpfe und schlaue Pläne ein sehr großes Gebiet. Aufständische wurden getötet, und alles was an frühere Herrscher erinnerte, wurde verbrannt und vernichtet. Schließlich ernannte der Prinz sich selbst zum Kaiser des riesigen Landes, das er in seiner Gewalt hatte. Er krönte sich mit einer schweren Goldkrone, die mit Edelsteinen geschmückt war. Seine Untertanen hatte er fest im Griff: Alles, was geschah, erfuhr er, und wenn ihm irgend etwas nicht gefiel, schritt er sofort ein. Man hatte Angst vor dem Kaiser und vermied es, seinen Zorn zu wecken.

Eltern brachten ihren Kindern bei, nichts zu sagen oder zu tun, was dem Kaiser nicht gefiel, weil sie Angst hatten, in Ungnade zu fallen. Angst vor fremden Eroberern brauchten die Menschen nicht zu haben; solange der Kaiser herrschte, traute kein Feind sich in das Land hinein, weil er weit und breit gefürchtet wurde.

Da der Kaiser sehr stolz war, wollte er den Thron nicht mit einer Frau teilen, und heiratete deshalb nicht.

So gingen viele Jahre ins Land. Aber keiner ist immer zufrieden, und auch der stolze Kaiser ist es nicht. Eines Tages kam ihm ein Gedanke, der ihn nicht mehr losließ. Der Einfall nagte an seiner Ruhe und Sicherheit und machte ihm viel Ärger. Der Kaiser wollte ein Kind! Obwohl er seine Macht allein für sich behielt, wollte er nicht als unfruchtbar gelten. Und gerade weil sein Körper immer älter wurde, wünschte er sich ein Kind.

Er könnte eines stehlen, aber was für ein minderwertiges Geschöpf würde das sein. Er wollte ein richtig einmaliges Kind! Ein Kind mit strahlend goldenem Sonnenlicht ums Haupt, mit einem Körper wie aus zartem Mondenschein und mit Augen wie leuchtende Sterne. Und damit es dem Vater den Thron nie streitig machen würde, müßte es ein Mädchen sein.

Der Kaiser legte der Sonne, dem Mond und den Sternen sein dringendes Anliegen vor. Da er keine Antwort erhielt, beschloß er, sie zu zwingen. Im ganzen Land ließ er tausende Feuerstellen aus nassem und faulem Holz anlegen. Große, undurchdringliche Rauchschwaden bedeckten das Land, und das Licht der Sonne, des Mondes und der Sterne erreichte die Menschen nicht mehr.

Die Sonne sandte vergeblich ihre Strahlen hinunter und flehte den Kaiser an, sie durchzulassen. Als Gegenleistung verlangte der Kaiser nun ein Kind so wie sein Hochmut es sich wünschte: ein goldenes Sonnenkind mit zarter Mondenschönheit und leuchtender Sternenkraft.

Die Himmelswesen überlegten, und in einer stillen, traumlosen Nacht, glitt ein Sternenwesen hinunter und brachte dem Kaiser das begehrte Kind. Das Mädchen war wie ein Engelchen so schön, und der Kaiser war stolzer als je zuvor. Das Kind wuchs heran und seine Gedanken waren klar, seine Gefühle warm, und seine Taten strahlten Kraft aus.

Als das Mädchen älter wurde, schaute es immer tiefer in die Herzen der Menschen hinein. Auch in dem kaiserlichen Herzen sah es dasjenige, was dieser lieber verborgen halten wollte, und das Mädchen erschrak sehr.

Der Kaiser spürte seine alles durchdringenden Sternenaugen, und zum ersten Mal richtete sein Zorn sich gegen seine Tochter. Er schnaubte und schrie sie an, sie möge ihre bösen Blicke für sich behalten. Sie schwieg, aber täglich wuchsen ihre Kräfte, und sie erkannte nun auch die Gedanken des Kaisers. Und während sie hell goldgelb vor sich hinstrahlte, sah der Kaiser seine eigenen schwarzen und niedrigen Gedanken vor diesem Licht tief abfallen. Wütend schickte er die ihm geschenkte Tochter weg, aber sie kehrte immer wieder zurück. Mit ihrer lieblichen Schönheit, ihrem feinsinnigen Charakter und ihrer stillen Kraft erleuchtete und beleuchtete sie immer stärker den desolaten Zustand des Kaisers. Sein angeschwollener Körper, angefüllt mit all dem, was der Zunge schmeicheln kann, seine begierige Seele, die immer noch mehr Macht wollte, und seine düsteren, falschen Gedanken, dies alles wurde sichtbar in dem hellen Licht, das das Mädchen ausstrahlte, wenn es sich dem Kaiser näherte. Endlich ertrug der Kaiser dies nicht länger und befahl, seine Tochter in den Kerker des Palastes einzusperren. Erleichtert atmete er auf. Alles war besser, als noch länger mit ihr zusammen zu sein!

In dem tiefen Kerker gewann das Himmelskind weiter an Kraft, und es erhellte und durchleuchtete sein Gefängnis, bis das Licht eines Tages durch die dicken Wände hindurchging und die Schlafgemächer des Kaisers erreichte. Jetzt wurde der Kaiser von Alpträumen und einem schlechten Gewissen gequält, und um sich dagegen zu wappnen, wuchs sein Haß.

Er befahl, das Mädchen in eine unterirdische Höhle einzusperren, unter sieben Erdschichten, über die man zusätzlich schwarzen Sand schütten sollte. Einzig ein schmaler Schacht, durch welchen Luft, Brot und Wasser hindurchgelangen konnten, stellte die Verbindung zur Außenwelt dar.

Für eine kurze Weile hatte der Kaiser seine Ruhe zurückgewonnen, aber die Sonne, der Mond und die Sterne können nicht unter sieben Erdschichten eingesperrt werden. Im Gegenteil, das Licht des Mädchens wurde noch stärker, und alsbald erleuchtete sein Licht die ganze Gegend.

Zuletzt blieb dem Kaiser nichts anderes übrig, als sie töten zu lassen, obwohl er auch Angst hatte, er würde es bedauern, wenn er nicht mehr über dieses besondere Wesen verfügen könnte. Er ließ zwölf giftige Schlangen bringen und gab den Auftrag, diese in das unterirdische Gefängnis gleiten zu lassen. Seine Tochter sah die Schlangen und fühlte, wie die Angst ihr den Hals zuschnürte, aber sie war stärker als ihre Angst und griff die Schlangen, die sie zusammen knüpfte und sich um den Körper wickelte. Die Schlangen fühlten sich durch den außergewöhnlichen Mut des Mädchens von ihrem eigenen Gift erlöst. Zwar zischten sie noch, aber sie bissen nicht. Wie mit einem dichten, lebendigen Mantel bedeckten sie das Mädchen, so daß sein Licht nun verborgen blieb.

Der Kaiser war sicher, daß seine Tochter jetzt tot war, und befahl, ihren Körper auszugraben. Als die Arbeiter ihr Gefängnis öffneten, fanden sie einen Schlangenmenschen, vor dem sie in Todesangst flüchteten. Das Mädchen kletterte aus der Höhle heraus und durchsuchte den Palast, bis es den Kaiser fand. Als es sich ihm näherte, griff dieser zu seinem Schwert und hätte beinahe der ersten Schlange den Kopf abgeschlagen. Da löste die Schlange ihren Griff, und das Licht des Mädchens war plötzlich so durchdringend, daß der Kaiser erblindete und nichts mehr sah.

Seine Augen blieben blind und wurden leer und tot, so daß die Welt jetzt für ihn so schwarz wurde wie seine Seele. Das einzige, was seinen blinden Augen sichtbar blieb, war die leuchtende Gestalt seiner Tochter.

Sie schlug den Mantel eines Bettlers um ihn, nahm ihn bei der Hand und ging mit ihm hinaus. Ungesehen schlug sie den Weg in die unwirtlichen Gegenden mit dichten Wäldern und schroffen Bergen ein. Der blinde Mann, der bis vor kurzem ein stolzer Kaiser war, hielt krampfhaft ihre Hand fest. Sie war sein einziger Halt, und zusammen zogen sie weiter.

Trotz allem wucherte sein Haß weiter, und oft hatte er die Absicht, sie niederzuschlagen oder sie zu stoßen, wenn sie an einer tiefen Schlucht entlang gingen. Sobald er aber die Hand erhob, strahlte ihr Licht ihm so unerträglich in die blinden Augen, daß die Kraft aus ihm wich und er seine niederträchtigen Pläne aufgab.

Unzählige Male bewahrte sie ihn vor dem sicheren Tod. Sie beschützte ihn, wenn er zu fallen, zu ertrinken oder zu verhungern drohte. So strichen sie jahrelang in der unbewohnten Welt umher.

Eines Nachts als das Mädchen längst schlief, konnte der Blinde den Schlaf nicht finden. Er meinte, etwas in der Dunkelheit zu hören, aber so sehr er die Ohren auch spitzte, er konnte das Geräusch nicht einordnen. Seine Beschützerin wollte er nicht wecken, aber das Herz schlug ihm bis zum Hals. Unter seinem fahlen Mantel trug er noch immer sein scharfes Schwert und umfaßte es nun fester.

Etwas kam immer näher, still und schleichend, bis es neben ihm stehenblieb. Er hörte wie diese Gestalt sich vorbeugte und das Mädchen aufhob.

Jetzt würde sie ihm entrissen werden! Plötzlich empfand er einen scharfen Schmerz, eine nie vorher gefühlte Traurigkeit um den Verlust eines geliebten Menschen, und er zog sein Schwert und richtete es gegen das Wesen, das ihm seine Tochter rauben wollte.

In diesem Augenblick öffneten sich seine blinden Augen, und vor sich sah er eine hagere, graue Gestalt, die das schlafende Himmelskind in den Armen trug.

»Nein«, schrie der Kaiser. »Nein, nimm sie nicht weg!«

Aber der Tod grinste und sagte:

»Vor deinem Schwert ist mir nicht bange.

Du hast Licht bekommen,

Jetzt wird's dir genommen.

Sie war hier schon viel zu lange!«

Nun erwachte seine Tochter und blickte dem Kaiser tief in die Augen. Er ertrug ihren Blick, sah ihre weise Schönheit und fühlte ihre Liebe. Aus ihm brach alle Wärme, die aus einer Menschenseele strömen kann, hervor, und er streckte die Hände nach ihr aus. Sie nahm seine Hände und der Tod verschwand, so als wäre er nie dagewesen.

Zusammen zogen sie weiter. Ganz gleich wo sie erschienen, folgten die Menschen ihnen, fragten sie um Rat und lauschten ihren Worten.

Zuletzt fanden sie eine unberührte Gegend, und dort erbauten sie eine neue Stadt für alle und mit allen, die ihnen gefolgt waren. Da herrschten nun Liebe, Weisheit und Kraft. Die Menschen, die dort lebten, ließen ihre Herzen und Gedanken von dem Licht durchstrahlen, das aus dem einfachen Häuschen, in dem der alte Kaiser und das Himmelskind wohnten, strömte. Hier lebte er, der blind war und sehend wurde, und sie, die gefangen war und zur Befreierin wurde.

Die sieben düsteren Täler

Es gab einmal eine Gegend, die immer in Finsternis gehüllt war. Sieben Berge und sieben Täler zählte dieser Landstrich, und sie waren alle düster, drohend und dunkel. Weder Mensch noch Tier betrat freiwillig dieses Gebiet. Nur jemand, dessen Lebensweise so schlecht und verdorben war, daß er das Licht nicht mehr ertragen konnte, hätte sich in die düsteren Täler hineingetraut.

Die Menschen des Landes, in dessen Nähe diese Gegend lag, erzählten sich Gruselgeschichten über sie: Grausame Ungeheuer würden dort hausen, und saugende Sümpfe zögen einen innerhalb von Sekunden in die Tiefe, so daß man jämmerlich ertränke. Gespenster und böse Geister würden das Gehirn trüben, so daß man vergäße, was recht und gut sei. Nein, keiner, der nicht genauso schlecht und verloren wäre, könnte diesen Bedrohungen bei lebendigem Leibe entrinnen.

Die Kinder des Landes wuchsen mit diesen Geschichten auf. Manchmal hatten sie beängstigende, grausige Alpträume über die finsteren Täler, aber zum Glück waren das nur Träume. Ihre Eltern trösteten sie in solchen Fällen. Dann vergaßen sie ihre Angst und schliefen ruhig wieder ein.

Eines Tages geriet das ganze Land in Aufregung! Denn von den hohen Aussichtstürmen bemerkte man, wie in den düsteren Tälern ab und zu Lichter aufflackerten. Ganz klein und zittrig bewegten diese Lichtchen sich scheinbar völlig ziellos. Wer oder was rührte sich dort? Obwohl jeder gern darüber redete, wußte niemand genau Bescheid. Manchmal wurde beobachtet, daß neue Lichtchen auftauchten, manchmal bemerkte jemand, wie andere schwächer wurden, nachließen und schließlich ganz erloschen.

Der König des Landes beschloß, den Vorfall zu untersuchen. Er machte sich auf den Weg zu einem Dörfchen in der Nähe der Täler und ließ dort einen gewaltig hohen Turm bauen. Jede Nacht stieg er hoch und starrte durch ein großes Fernrohr zu dem beängstigenden, düsteren Gebiet hinüber. Lange Zeit sah er nichts, doch eines Nachts, als Sterne und Mond sich hinter einer dicken Wolkendecke versteckten, sah der König ein helles Lichtchen in dem mittleren Tal. Es war so winzig in dieser finsteren Umgebung, aber das Herz des Königs geriet bei diesem Anblick sofort in große Aufregung. Der König stellte sein Fernrohr ganz genau ein und sah jetzt, wo das kleine Lichtchen herkam.

In dem Tal war ein dunkler Wald, und in dessen Mitte sprang ein kleines Mädchen umher. Es hatte nackte Füßchen und Beinchen und lange, blonde Haare. Es war ein ganz gewöhnliches Dorfmädchen, wie es so viele in seinem Lande gab. Das Kind tanzte und hüpfte, und vermutlich sang es auch noch ein Lied dabei. Es schien, als ob das Kind keine Finsternis spürte und keine Gefahr ahnte. Der König jedoch sah um das Kind herum fremde, grillige Gestalten, die ihre Fangarme und Klauen gierig nach dem Kind ausstreckten. Er sah Fallgruben und giftige Dornbüsche, zwischen denen das Kind munter herumsprang. Und immer wenn es hätte fallen können oder wenn ein Monster es zu ergreifen drohte, erschien ein helles Licht und verscheuchte die bösen Geister. Oder es ließ das Kind über ein Hindernis hinwegschweben, ohne daß das Kind es selbst zu merken schien. Der König hielt den Atem an. Wie oft schien das Mädchen verloren zu sein, aber stets wurde es von diesem Licht gerettet.

Immer grausamere Ungeheuer versperrten dem Kind den Weg, aber es lachte fröhlich und sprang, in einen Lichtkranz gehüllt, auf sie zu. Schließlich wurde das Kind müde, und das Licht wurde fahler. Nun griffen gewaltige Arme nach dem Kind, und der König zitterte vor Angst. Ein dumpfer Schrei war zu hören. Das Licht verschwand, und das Kind wurde von der Finsternis verschluckt. Tränen stiegen dem König in die Augen.

Aber schnell wischte er sie weg, denn was er jetzt sah, ließ ihn alles vergessen. Die Wolken wichen oberhalb des Tales auseinander, und ein heller Lichtstrahl funkelte hinunter. Der König sah, wie das Kind, während es weiterschlief, auf dem Lichtstrahl hochglitt und in die Richtung der fernen Sterne verschwand.

Jede Nacht geschah dies von neuem, und immer mehr Kinder wurden sichtbar. Der König beschloß, in die finsteren Täler einzudringen, um den Sternenkindern bei ihrem offenbar so aussichtslosen Kampf zu helfen.

Er ließ in seinem Lande verbreiten, er brauche eine Armee, bestehend aus Kindern mit leuchtenden und warmen Herzen, die ihn auf seinem Marsch in die finsteren Täler begleiten wollten. Die Eltern verboten ihren Kindern, diese gefährliche Reise mitzumachen. Aber manche Kinder sind mutiger als ihre Eltern, und trotz des Verbotes kamen viele Kinder, eins nach dem anderen, zu dem hohen Turm.

Der König hatte starke Fackeln machen lassen, für jedes Kind eine und für sich selbst zwei. So zogen sie zu den finsteren Tälern. Die Kinder sangen, solange sie noch im Licht liefen, aber als es finster wurde, schwiegen sie wie erschrockene Vögelchen. Auch der König zögerte. War es richtig, was er da tat? Ging er mit den Kindern nicht dem sicheren Untergang entgegen?

Dann aber fiel ein Sternenstrahl vor seine Füße, und das Kind, das er zuerst durchs Fernrohr gesehen hatte, sprang herunter. Es lachte fröhlich und umarmte alle anderen Kinder. Ein wunderbares Licht strahlte um das Kind, als ob es einen unsichtbaren, aber strahlenden Stern mitgebracht hätte. Mit diesem Kind an der Spitze zog der König mit seiner merkwürdigen Armee weiter.

Nach einer Weile hatten sich ihre Augen an die Dunkelheit gewöhnt. Aber im Gegensatz zu dem Sternenkind sahen die Königskinder alles, was um sie herum war. Düstere Gestalten und zischende Schlangen versuchten, sie zu greifen. Manchmal gelang dies fast, aber das Sternenkind war jedesmal dort, wo es gebraucht wurde, und dann verschwand die Gefahr in der Dunkelheit.

So liefen sie viele Stunden, bis sie müde wurden. Das Sternenkind verschwand, wie es gekommen war, und der König kehrte mit seiner Armee zurück. Dabei folgte er den eigenen Fußspuren. Aber es war nicht derselbe Weg. Auf dem Rückweg war der Pfad, auf dem sie gekommen waren, nicht mehr länger dunkel. Es war ein kleiner Weg voll hellen Sonnenscheins. Es wuchs dort Gras, und es blühten Blumen; sogar die ersten Vögelchen, Ameisen und Marienkäfer flogen und krochen umher.

So liefen sie alle geschwind zurück, trotz ihrer Müdigkeit. Sie wiederholten nun jeden Tag ihren Marsch, bis die dunklen Täler überall von hellen Frühlingspfaden durchkreuzt wurden. Und schließlich gab es nur noch wenige düstere Stellen: Die finsteren Täler waren in helle Täler verwandelt worden. Die Sonne schien dort, und die Natur brachte alles zum Wachsen und Blühen.

Endlich kam der Kinderzug zu dem siebten Tal, und dort bauten sie Hüttchen, so daß sie dort schlafen und bleiben konnten. Das Sternenkind erschien nicht mehr, aber die Sterne strahlten dort wie nirgendwo sonst.

Auf der Lichtung vor den Hütten wuchs in einer Nacht eine riesige, weiße Birke. Der König spürte, daß er auf diesen Baum hinaufklettern sollte, und während die Kinder ihm nachschauten und winkten, stieg er höher und höher. Oben in der Krone wartete auf einem Ast eine liebliche, junge Frau auf ihn. Sie war auf einem Sternenstrahl zur Erde gekommen. Der König verliebte sich sofort und sie ebenfalls. Zusammen stiegen sie hinunter, wo die Kinder sie jauchzend empfingen.

Noch ehe drei Tage vergangen waren, feierten sie Hochzeit. Zusammen regierten sie das große Land, in dem es nun kaum noch Finsternis gab, und zusammen bekamen sie sieben wunderschöne Kinder mit einem strahlenden Stern auf der Stirn. Und bei jedem, der den Stern auf der Stirn der Kinder sah, verschwand die Finsternis, die er in sich trug.

Der Schmetterlingsgarten

In einem Land, weit weg von hier, lebte ein mächtiger Zauberer. Er trug einen weiten Mantel, der mit Sternen besät war, und einen spitzen Zauberhut, der so hoch war, daß niemand auf das Pünktchen ganz oben sehen konnte. Der Zauberer wohnte in einem geheimnisvollen Schloß, das auf einem Berg stand. Dieser Berg lag inmitten vieler anderer Berge, und er war kahl und unwirtlich, so daß selten Leute dort hinkamen.

Der Zauberer hatte allerdings für sich selbst einen wunderbaren Garten gezaubert, voller Blumen und Bäume, mit Eichhörnchen, Bienen, Ameisen, Rehen und vor allem mit Hunderten von Schmetterlingen. Die liebte der Zauberer über alles. Es gab sie hier in allen Farben des Regenbogens, große und kleine. Und wenn der Zauberer durch seinen Garten spazierenging, dann setzten sich unzählige Schmetterlinge auf seinen hohen Hut. Sie liebten ihn sehr, und sie flatterten heiter und voller Leichtigkeit um ihn herum.

Das geheimnisvolle Schloß war von außen grau, und es hätte düster und bedrohlich ausgesehen, wenn nicht Dutzende von Türmchen mit spitzen roten Dächern daran gewesen wären. Auf den Schloßmauern, auf den Toren, in allen Ecken, sogar an den Wänden, überall gab es schmale Türmchen, die in den Himmel reichten. Es war, als wollten sie den Weg zu irgend etwas, was man nicht mehr sehen konnte, zeigen.

Der Zauberer wohnte nicht allein in dem Schloß. Er hatte viele Lehrlinge aus allen Teilen der Welt bei sich. Sie wohnten von früher Kindheit an bei ihm und versuchten fleißig, die Zauberlektionen zu lernen.

Manche wurden weise Ärzte, die Menschen, denen sonst keiner mehr zu helfen wußte, heilen konnten. Andere wurden Lehrer, die Kindern, die von keinem etwas lernen konnten, das Lesen und Schreiben beibrachten. Noch andere wurden Bauarbeiter, die Häuser bauten für Menschen, die sonst in keine Häuser hineinpaßten.

Und jedes Jahr, wenn der Frühling ins Land kam, brachte der Zauberer seine erwachsenen Schüler weg aus dem Gebirge zu den Menschen. Und die Menschen gaben ihm ihre Kinder mit, vor allem Kinder, die Schmetterlinge liebten. Alles wäre so weitergegangen, wenn nicht eines Tages etwas passiert wäre. Tief in den Bergen grollte und donnerte es, und es schien, als führten die Berggeister einen Krieg miteinander. Die Berge zitterten und wankten und spalteten sich. Plötzlich stieg ein gewaltiges Feuer gen Himmel! Dunkle Wolken zogen sich zusammen, und Menschen und Tiere suchten nach einem schützenden Versteck. Der mächtige Zauberer tat dies nicht. Er stand auf dem höchsten Turm seines Schlosses und sah, wie die Erde unter ihm sich bewegte. Mit seiner Zauberkraft beschützte er sein Schloß, seinen Garten und jeden, der dort lebte. Aber plötzlich schob die Erde unaufhaltsam einen neuen Berg aus schwarzem Granit hervor. Dieser Berg hatte zwei Gipfel und erhob sich drohend über alle anderen Berge.

Der Berg, auf dem der Zauberer sein Schloß erbaut hatte, sank allmählich und verschwand in der Erde, bis diese endlich zur Ruhe kam. Aber die Macht des Zauberers hielt sein Reich zusammen, und wie ein unübersehbares Zeichen seiner Zauberkraft schwebten nun Schloß und Garten in der Luft, ohne die Felsen, worauf sie sich früher befanden. Und Schloß und Garten stiegen immer höher, bis über die Wolken. Keinem Menschen, keinem Tier, keinem Schmetterling passierte etwas. Alle lebten und arbeiteten weiter, aber als das Jahr um war, ging der Zauberer mit seinen erwachsenen Schülern nicht mehr zu dem Land der Menschen, und so konnte er auch keine Kinder mehr mit zu sich aufs Schloß nehmen.

Anfangs merkten die Leute nicht viel davon, aber nach einigen Jahren wurden die Zauberlehrlinge alt, die unter den Menschen lebten. Sie starben, und es gab keine neuen Lehrlinge, die ihren Platz einnahmen. Die Menschen wurden kränker, dümmer und ärmer. Sie versuchten nun, überall unglaubliche Häuser zu bauen, höher und teurer als je zuvor. Aber irgendwie paßten die Menschen trotzdem nicht richtig hinein.

Viele studierten die unterschiedlichsten Krankheiten und erfanden zahlreiche Medikamente. Sie bauten spezielle Häuser, so groß wie eine kleine Stadt, für die Ärzte und Kranken, aber es gab immer mehr kranke Menschen.

Sie schickten ihre Kinder auch immer länger zur Schule, und wenn sie erwachsen waren, mußten sie neben der Arbeit noch immer weiterstudieren. Dennoch wurden die Menschen immer dümmer. Sie verstanden immer weniger von der Welt und von einander, so sehr sie sich auch bemühten. Sie hörten nicht auf zu suchen, aber sie vergaßen, daß der Zauberer früher alle ihre Fragen beantwortet hatte.

Der mächtige Zauberer sah all das in seiner Kristallkugel und bekam Mitleid mit diesen bedauernswerten Menschen. Durch ein offenstehendes Fenster rief er alle Schmetterlinge zu sich, und in dichten Schwärmen flogen sie in das Zimmer hinein. Wie es dort strahlte und glänzte! Der Zauberer gab den Schmetterlingen den Auftrag, Menschen mit dem entsprechenden Kinderherz zu suchen, die imstande wären, seine Lehrlinge zu werden. Die Schmetterlinge waren die einzigen, die von der Höhe des Schlosses zu den Tiefen der Menschen hinunterfliegen konnten.

Sie machten sich auf den Weg und bildeten einen langen, farbenprächtigen Zug. An warmen Sommertagen schwärmten sie aus in die Gärten der Menschen. Die meisten Leute sahen sie nicht, denn sie waren zu sehr beschäftigt. Aber Kinder, Sonderlinge und Landstreicher fanden oft noch die Zeit, die Schmetterlinge voller Freude zu bewundern. Sie stellten Pflanzen mit üppigen Blüten in die Gärten, damit die Schmetterlinge wiederkehrten. Die Schmetterlinge legten dort ihre Eier ab, und die jungen Raupen, die aus den Eiern schlüpften, fraßen ihre Bäuchlein voll.

Dann spannen die großen Raupen helle Fäden aus Seide zwischen dem Schloß des Zauberers und den Gärten. Die Zauberlehrlinge, die nicht mehr zu den Menschen zurückgekehrt waren, weil es keinen Weg mehr gab, waren mittlerweile alt und ergraut, aber auch sehr weise. Wie Federchen so leicht schwebten sie an den seidenen Fäden entlang zu den Gärten der Menschen mit den richtigen Kinderherzen. Dort konnten sie endlich ihre Aufgaben in Angriff nehmen. Aber die Menschen wußten nicht, wer sie waren. Sie glaubten ihnen nicht mehr und nahmen ihren Rat nicht ernst. Manche wurden sogar weggejagt! Die Zauberlehrlinge waren schon alt, und viele starben arm und gebrechlich einen traurigen Tod. Aber es gab auch einige, die von Menschen mit einem liebevollen Herzen aufgenommen wurden; Menschen arm an Gold, aber reich an Liebe. Und dort entstanden dann kleine Schmetterlingsgärtchen, wo jeder gern hinging, um zwischen den Blumen und den Schmetterlingen darauf zu lauschen, was die weisen Alten zu sagen hatten.

So wuchsen die Schmetterlingsgärten, und eines Tages, als die Sonne wunderbar hell schien, sahen die Menschen, die gerade dort waren, über sich des Zauberers Schloß mit den vielen kleinen Türmchen. Und viele glitten den seidenen Fäden entlang dorthin. Sie lernten von der Weisheit des Zauberers und kehrten dann zurück, jeden Tag von neuem.

So gab es immer mehr Zauberlehrlinge unter den Menschen, und ihre Gärten voller Schmetterlinge standen in einem starken Kontrast zu den ungeheuer großen, befremdenden Gebäuden in ihrer Umgebung.

Aber die Schmetterlinge flogen durch die offenen Fenster in diese Gebäude hinein, und auf jede Pflanze und auf jede

Blume legten sie ihre Eier. Und schließlich gab es überall seidene Fäden, die hinauf zum Schloß gingen, und fast alle Menschen besuchten das Schloß und den Garten des Zauberers. Eines Tages, früh morgens bei strahlendem Sonnenschein, senkten sich Schloß und Garten in das Menschenreich hinab, und keiner, der es nicht selber wollte, blieb mehr arm oder dumm oder krank. Und wenn du möchtest, dann nehmen die Schmetterlinge auch dich mit zu dem mächtigen Zauberer und seinem schönen Garten ...

Fee Silberschön

Es gab einmal eine kleine, liebliche Fee. Sie lebte in einem großen Wald voller hoher Birken, deren Zweige und Blätter im Winde wehten. In der Mitte des Waldes gab es einen freundlichen Waldsee mit Libellen und vielerlei Blumen an den Ufern. Dort wohnte die kleine Fee. Sie hieß Silberschön, weil ihre langen Haare glänzten wie Silber.

Die kleine Fee wurde ohne Licht in den Augen geboren und konnte deshalb nicht wie die anderen Feen und Tiere, die dort im Wald lebten, das viele Schöne um sie herum sehen. Aber mit ihren zarten, schlanken Fingern berührte sie jede Blume, jedes Blättchen und jedes Tierchen. Dann konnte sie sich ganz genau vorstellen, wie das alles aussah. Ihre Finger lehrten sie auch, wer froh oder traurig, wer verletzt oder ängstlich war.

Mit ihren feingebildeten Ohren erkannte sie an dem Rascheln der Birkenblättchen und Zweiglein, welches Tier sich ihr näherte. Oder der Pulsschlag einer anderen Fee verriet ihr, wie schnell diese geflogen war.

Außerdem hatte sie einen sehr gut entwickelten Geruchssinn. Alles hatte für sie einen anderen Duft, jeder Baum, jede Blume, jedes Tier. So erkannte sie alle und wußte sofort, wer auf sie zukam oder wo sie war.

So innig konnte sie zuhören und mitempfinden mit allem und jedem, daß viel Liebe in ihr heranreifte. Sie liebte alles und alle. Ein großer, warmer Strom ging durch sie hindurch und erleuchtete jeden, der mit ihr zu tun hatte. Jeder liebte es, bei ihr zu sein, und so war sie viel mit den Lebewesen des Birkenwaldes zusammen.

So hätte es immer bleiben können, aber auch die kleine Fee wurde größer. Und es wurde Zeit, daß sie sich den silbernen Zauberstab, womit alle großen Feen hin und wieder

gute Taten unter den Menschen vollbringen, verdiente.
Dazu sollte sie sieben Jahre lang in der Gestalt eines Menschen zu den Menschen geschickt werden, um dort zu erleben, wie die Menschen sind und was sie brauchen.

Eines Tages ging die kleine Fee nun zu der Großen Mutter, die mit ihrer Weisheit über alles regierte. Die Große Mutter berührte die kleine Fee mit ihrem silbernen Stab voller Rosen, und ein Lichtblitz erleuchtete die ganze Umgebung. Langsam erlosch das Licht, und wo eben noch die kleine Fee gestanden hatte, war jetzt ein hageres, armselig gekleidetes Bettelmädchen mit braunen Haaren und einem Kopftuch zu sehen. Die zarten Flügelchen waren ebenso wie die silbernen Haare verschwunden.

Besorgt schaute die Große Mutter das kleine Mädchen an. Noch immer hatte sie kein Augenlicht. Weise Worte sprach die Mutter: »Schwer wird dein Weg sein, mein Kind, schwerer als der von anderen. Die Liebe in deinem Herzen wird aber das, was in Finsternis gehüllt ist, erleuchten.« Die Sorge der Großen Mutter legte sich wie ein warmer Mantel um sie. Im gleichen Augenblick verschwand die Große Mutter, und das Mädchen vergaß alles über ihre frühere Existenz.

Guten Mutes machte sie sich auf den Weg zu dem unbekannten Land der Menschen. Sie hatte einen kleinen Bettelsack bei sich, und als sie die ersten Häuser der Menschen erreichte, bat sie die Bewohner um Brotkrümelchen oder ein Äpfelchen. Viel brauchte sie nicht.

Sie wurde neugierig gemustert. Man fragte sie, wo sie herkäme und wie sie hieße. Auf solche Fragen konnte das Mädchen keine Antwort geben. Aber sie hatte ihr liebevolles Herz beibehalten und lachte fröhlich und sang den Leuten ein Lied, das einfach in ihr aufstieg. Verwundert lauschten die Menschen und gaben ihr etwas zu essen.

Aber das Mädchen war nicht an Menschenhäuser und Menschendinge gewöhnt. Es stolperte über Stühle und Eimer und stieß sich an Tischen und Türpfosten. Die Men-

schen lachten sie aus und riefen: »Schau, wo du hinläufst!«
Sie sahen nicht, daß das Mädchen kein Licht in den Augen
hatte, und sie dachten, daß sie dumm und ungeschickt sei.
Das Mädchen erschrak vor dem Gelächter und den rauhen
Worten, und mit einem wehen Herzen und einem schmer-
zenden Körper ging sie weiter. Immer wieder begegneten
ihr Menschen, die auf ihre Lieder horchten und sie genos-
sen. Aber wenn sie sich eine Weile in ihren Häusern blieb,
fingen sie bald wieder an zu lachen und zu spötteln.
Manchmal, auf den endlosen Wegen und Pfaden, die sie
entlangwanderte, begegnete ihr ein anderer Bettler. Dann
leistete dieser ihr eine kurze Zeit Gesellschaft, und sie be-
mühte sich, Schritt zu halten. Aber oft gelang es ihr nicht,
weil sie über einen Gegenstand, den sie nicht sehen konnte,
stolperte. Dann rief der andere verärgert, daß sie aufpassen
solle, wo sie hinlaufe und was sie tue. Nach einer Weile
wurde der Wegbegleiter ungeduldig und versetzte ihr einen
Stoß oder auch einen Schlag ins Gesicht. Manchmal fiel sie
dann vornüber auf den Boden, oder sie rollte vom Weg in
einen Graben. Und ab und zu stieg ein schmerzlicher
Schrei aus ihrem einsamen Herzen empor, aber außer den
Blumen und den Schmetterlingen hörte ihn niemand.
Trotz alledem blieb sie sich treu. Ihre Lieder wurden älter,
weiser und erfüllter, ihr Bettelsack war verschlissen, die
Kraft ihres Herzens jedoch nicht.
Eines Tages kam sie zu dem Haus eines Grafen. Dieser
lachte sie nicht aus, sondern nahm sie auf, so daß sie nicht
länger mehr betteln gehen mußte. Als Gegenleistung über-
nahm sie die Sorge für das Haus und alles, was dort lebte.
Sie erfüllte ihre Aufgaben pflichtgemäß. Jeden Tag lüftete
sie das Haus, wischte Staub, wusch und putzte alles, was
muffig roch. Aber so hart sie auch schuftete, die dumpfen,
staubigen Zimmer im Haus des Grafen füllten sich immer
wieder mit Staub und Gestank, und das Singen gelang ihr
immer weniger. Ihre Lieder hörten sich krächzend und

stöhnend an und taten ihren eigenen Ohren weh. Staub und Dreck klebten an ihren Händen und Haaren, aber sie bemerkte es nicht.

Nachts lag sie still auf einer kleinen Matratze auf dem Boden. Durch das Dachfenster schienen die Sterne und der Mond auf das Bettchen des Mädchens. Sie fühlte es, und voll Verlangen streckte sie die Arme nach dieser schönen, stillen Kraft aus, die sie berührte. Darin fand sie Trost und Kraft für den nächsten Tag.

In dem Haus lebten auch ein treuer Hund und zwei große Kater. Sie liebten das Mädchen und gaben ihm Wärme.

Ab und zu kamen Fremde in das Haus. Die verdunkelten dann oft die Fenster und verscheuchten die Tiere, so daß das Haus ganz verriegelt und tot aussah. Das mochte das Mädchen nicht. Wie durch ein Wunder fiel ihr in solchen Momenten für kurze Zeit Licht in die Augen, so daß sie sehen konnte. Es war, als ob sie in diesen Augenblicken eine besondere Kraft empfing. Dann befal sie den Fremden, die Fenster zu öffnen und die Tiere in Ruhe zu lassen. Die Fremdlinge fühlten, ohne es zu wissen, die Kraft der Großen Mutter und sie gehorchten, weil sie nicht anders konnten.

Das Mädchen lebte jetzt seit etwas mehr als sechs Jahren unter den Menschen, und im siebten Jahr wurde sie krank. Ihr Körper wurde dünner und dünner. Sie wurde von merkwürdigen Fieberanfällen heimgesucht, und in ihren Fieberträumen sah sie die Quelle des Lichtes. Da wurden ihre Augen von einem Licht, das nicht in ihrer Umgebung war, durchleuchtet. Dankbar und froh ruhte sie dann und wartete voller Vertrauen auf das, was kommen würde.

Der Graf pflegte sie, so gut er konnte. Als ihr Ende nahte, brach ein Sturm aus. Blitz und Donner durchzuckten das Haus des Grafen und ein kräftiger Windstoß nahm das Mädchen mit. Sie schwebte hoch durch die Luft, und als der Sturm sich legte, befand sie sich am Fuß eines Berges. Ein liebliches Gartenhaus wurde ihre neue Wohnung; von Birken, Blumen, Vögeln und Schmetterlingen umringt, fühlte sie sich wie neugeboren. Sie fing wieder an zu singen. Sie erfand neue Lieder, die mit einem unendlichen Glanz und wunderschönen Melodien begnadet waren. Sie sang jetzt über die Menschen, über ihr Leben und ihre Arbeit und über alles, was sie gesehen und verstanden hatte. Von weit her kamen die Menschen und lauschten ihren Worten. Still, gestärkt und innerlich erwärmt verließen sie sie wieder.

Die Große Mutter schenkte dem Mädchen weitere sieben Jahre unter den Menschen. Die Winde sorgten für Licht und Luft, und das Mädchen sang all diese sieben weiteren Jahre hindurch. Nach dreieinhalb Jahren kam ein einsamer Mann zu Besuch. Er näherte sich ihr mit Tränen in den Augen, und sie erkannte den Grafen. Ihre Augen, die jetzt voller Licht waren, strahlten ihm entgegen. Von diesem Augenblick an teilte er mit ihr ihre Lieder und ihr Leben.

So entfaltete sich in dem Herzen des Mädchens der Zauberstab der Feen. Schöner war er als viele andere, weil sie die Menschen wirklich kannte.

Als schließlich ihre Zeit bei den Menschen vollendet war, verschwand sie in die Arme der Großen Mutter. Der Graf schickte alle ihre Lieder in die Welt hinein, und ab und an kam die Fee und half ihm mit ihrem Zauberstab. Dies währte so lange, bis er ihr in ihre Welt folgen konnte. Zusammen arbeiteten sie für die Menschen, die sich nach ihren Herzensliedern sehnten, und da sie damit nie aufhören werden, tun sie es jetzt wohl noch immer.

Der undurchdringliche Wald

Es lebten einmal zwei Geschwister, ein Junge und ein Mädchen in einem einfachen Häuschen am Rand eines rauhen und undurchdringlichen Waldes. In dem Bächlein hinter dem Haus strömte klares Wasser, und in ihrem Garten wuchsen Blumen und Gemüse. Zusammen suchten sie Nüsse, Beeren und Kräuter im Wald, und es fehlte ihnen an nichts, was sie wirklich brauchten. Sie teilten Freud und Leid.

Vor dem Häuschen verlief ein Sandweg, auf dem nur selten jemand vorbeikam, höchstens einmal ein Landstreicher oder Kinder vom Bauernhof in der Nähe. Andere Reisende gab es nicht, denn der Weg endete bei dem undurchdringlichen Wald.

Eines Tages jedoch näherte sich auf diesem Weg eine große, schwarze Kutsche, die bei dem Häuschen anhielt. Der Junge war zu Hause, aber das Mädchen pflückte gerade Kräuter am Waldrand. Ein vornehmer Herr stieg aus der Kutsche. Er trug einen schwarzen Hut, schwarze Handschuhe und hohe, schwarze Stiefel. Er lächelte dem Jungen freundlich zu und fragte ihn nach dem kürzesten und sichersten Weg durch den Wald.

»Den gibt es nicht! Der Wald ist undurchdringlich«, sagte der Junge.

Da lud der vornehme Herr den Jungen ein, in die Kutsche einzusteigen, und der Junge, der noch nie im Leben so etwas Schönes gesehen hatte, ergriff die Gelegenheit nur allzugern. Er genoß die weichen Kissen und den schönen Glanz des Samtes, das Leder und das lackierte Holz. »Mit solch einer Kutsche möchte ich gerne mal fahren«, dachte der Junge.

Der Herr las seine Gedanken. Er sagte: »Gib mir das Spinnrad deiner Schwester. Dann darfst du ein ganzes Jahr in der Kutsche fahren.«

Der Junge beeilte sich, das Gewünschte zu holen. Der Herr nahm das Spinnrad und verschwand ganz plötzlich damit, aber die schwarze Kutsche mit den zwei feurigen Pferden war noch da. Der Junge fuhr sofort los, und überall, wo er hinkam, bewunderten die Leute seine Kutsche. In der Gegend sah man nicht oft so etwas Edles.

Als es dämmerte, ging der Junge nach Hause. Da ärgerte er sich über seine Schwester: Warum war sie nicht daheim und bewunderte nicht ebenfalls seine Kutsche?

In dem Moment, als das Spinnrad weggegeben wurde, hatte seine Schwester sich im Wald verirrt. Plötzlich wußte sie nicht mehr, in welche Richtung sie laufen sollte. Alles schien ihr fremd und unbekannt. Mühsam bahnte sie sich einen Weg durch die Dornbüsche und die wuchernden Kletterpflanzen. Da sie das Gefühl hatte, im Kreise herumzulaufen, zog sie am Faden ihres selbstgestrickten Pullovers und ribbelte ihn ganz auf. An jeden Busch oder Baum, an dem sie vorbeikam, knüpfte sie ein Stückchen des Fadens.

Als der Pullover völlig verbraucht war, entdeckte sie eine Lichtung im Wald. Vor sich sah sie einen großen See, worin ein silberner Delphin schwamm. Voller Staunen beugte sie sich über den Rand des Sees und rief den Delphin. Dabei verlor sie das Gleichgewicht und fiel ins Wasser. Tausende silberne Glöckchen stiegen auf. In ihren Ohren erklang eine helle Musik, und sie selbst sank auf den Boden des Sees. Dort, tief unten im Wasser, begegnete sie dem Delphin. Er legte ihr einen silbernen Gürtel um die Taille, in den geheime Zeichen eingekerbt waren. Sie war erfüllt von einer tiefen Liebe für den Delphin und wollte am liebsten für immer bei ihm bleiben. Der Delphin spürte zwar ihre Sehnsucht, aber mit seiner silbernen Schnauze schob er sie zur Wasseroberfläche des Sees und brachte sie ans Ufer.

Dem Mädchen war klar, daß sie weitergehen sollte. Sie dankte dem Delphin mit Tränen in den Augen, lief aber dann frischen Mutes in den Wald hinein. Inzwischen war es dunkel geworden, aber sie war nicht müde und kannte keine Angst. Dank des Sternenlichts sah sie, wo sie hinlief. Sie folgte dem Hasenpfad, und vor Mitternacht stand sie am Waldrand und sah ihr geliebtes Häuschen. Sie wollte schon auf es zu laufen, blieb aber dann wie angewurzelt stehen. Vor dem Haus stand eine funkelnde, schwarze Kutsche. Sie erschrak, und da beschlich sie ein merkwürdiges Angstgefühl. Schnell ging sie durch die Hintertür hinein.

»Lieber Bruder! Da bin ich wieder, ich hatte mich im Wald verirrt«, rief sie.

Aber der Junge hatte jetzt ganz andere Augen, und er schaute sie lässig von Kopf bis Fuß an. »Wo warst du? Wo bist du solange geblieben? Und warum läufst du im bloßen Hemdchen herum?«

Das Mädchen verstand nichts mehr. Jetzt traute sie sich nicht zu erzählen, was sie erlebt hatte, und voller Verwunderung bemerkte sie, daß ihr Bruder den silbernen Gürtel nicht sah. Einsam legte sie sich schlafen.

Am nächsten Morgen nahm der Junge seine Schwester mit zu der Kutsche. Aber ihr gefielen die feurigen Pferde nicht, und ebensowenig die schwarzen Samtkissen oder der kühl glänzende Lack, und sie weigerte sich, eine Runde mit ihm zu fahren. Sie war untröstlich darüber, daß ihr Spinnrad fehlte. Da sie ihren Pullover bei ihrem Abenteuer im Wald verloren hatte, mußte sie eigentlich dringend Wolle spinnen, denn mehr als den einen Pullover besaß sie nicht. Den Rest des Tages versuchte sie, mit einem Stöckchen zu spinnen, das sie aus einem alten Holunderbusch schnitt, der vor dem Kellerfenster stand.

Immer öfter fuhr der Junge aus. Die Sorge für das Häuschen und den Garten überließ er allein seiner Schwester. Sie wusch und kochte, säte und erntete, und ihre Hände wurden rauh. Der Rücken und die Füße schmerzten sie von der harten Arbeit.

So ging ein Jahr ins Land. Wieder pflückte das Mädchen Waldkräuter, als der vornehme Herr dem Jungen einen Besuch abstattete. Diesmal kam er in einer roten Kutsche, die funkelte und glänzte wie ein feuerroter Edelstein. Die schwarze Kutsche war verschwunden, aber der Junge saß schon wieder voller Begeisterung in der roten Kutsche, die diesmal von sechs feurigen Pferden gezogen wurde. Der vornehme Herr brachte auch tausend seiner besten Bauleute mit, und die bauten innerhalb eines Tages ein prächtiges Landhaus gegenüber dem kleinen Hüttchen. Der Junge machte große Augen. Marmor und Täfelungen aus Eichenholz, weiche Teppiche und Kronleuchter, das alles gab es in dem Landhaus, und seine Augen funkelten.

»Das alles gehört dir für ein Jahr«, sagte der Herr, »sowohl das Haus wie die Kutsche. Aber im Gegenzug will ich die Halskette deiner Schwester mit dem Bildnis eurer Mutter.«
Der Junge rannte schon. Solch eine lächerliche Vergütung für solch ein großes Geschenk, dachte er. Als der vornehme Herr das, was er verlangt hatte, in Empfang genommen hatte, verschwand er genauso geheimnisvoll wie das vorige Mal, aber der Junge achtete nicht darauf.

Von weit her kamen Menschen, die genauso reich waren wie das Haus und nun auch der Junge. In allen Schränken des Hauses hingen prächtige Kleider.

Abends fand er in seinem Schlafzimmer ein wunderschönes Himmelbett, und stolz auf all das, was ihm geschenkt worden war, schlief er ein.

Seiner Schwester erging es anders. In dem Moment, wo er die Halskette dem Fremden gab, verirrte sie sich erneut. Plötzlich wußte sie nicht mehr, wo sie gehen oder stehen sollte.

Dornbüsche schrammten sie, und hungrige Tiere wollten sie zerreißen. Mehrmals mußte sie auf einen Baum klettern, um ihr Leben zu retten. Dies dauerte drei Tage und drei Nächte. Da sie bemerkte, daß sie im Kreise umherirrte, riß sie sich die langen, goldenen Haare aus und knüpfte sie an jeden Busch und an jeden Baum, an dem sie vorbeikam, bis sie kein einziges Haar mehr übrig hatte.

Da hörte sie ein schreckliches Gebrüll, und vor ihr stand ein gewaltiger Löwe mit einer Mähne wie aus Sonnenstrahlen. Sie blieb stocksteif stehen und rührte sich nicht vom Fleck. Langsam kam der Löwe näher, und er nahm ihren Kopf vorsichtig in sein Maul. Sie empfand keine Angst. Und als sie das Klopfen des gewaltigen Löwenherzens spürte, suchte ihr Herz dieselbe Kraft in sich.

Sie blieben eine Weile so stehen, und mit ihrem ganzen Wesen fing sie an, den Löwen zu lieben. Als er sie endlich losließ, fielen lange, echte Goldhaare ihr von den Schultern herunter. Sie fühlte sich stark und warm, und leichten Schrittes lief sie durch den Wald und fand aufs Geratewohl das Häuschen.

Ihr Häuschen … Es lag im Dunkeln, am hellichten Tag. Der große, lange Schatten des Landhauses hielt die Sonnenstrahlen ab. Die Pflanzen im Garten welkten, die Fenster und Möbel waren verstaubt.

Das Mädchen aber strahlte wie die Sonne. Sie heilte sofort die Pflanzen, fegte und schrubbte, bis alles wieder leuchtete. Voller Sehnsucht hielt sie nun Ausschau nach ihrem Bruder. Nur durch das Fenster, durch das man das Landhaus sah, schaute sie nie. Sie lief immer schnell daran vorbei.

Dadurch daß sie sich um Haus und Garten kümmerte und überall tätig war, bemerkte der Junge, daß sie wieder zu Hause war, und er lief zu ihr herüber und sagte: »Komm zu mir, es ist dort Platz genug! Es gibt Personal, da brauchst du nicht mehr zu arbeiten! Komm und mach eine Fahrt mit mir, das Sechsergespann steht schon bereit!«

Seine Schwester blickte ihn an und bemerkte, daß seine Augen kein Licht mehr ertrugen. Die Tränen stiegen ihr in die Augen, und leise fragte sie nach der Kette mit dem Bildnis ihrer Mutter.

Daraufhin lief der Junge wütend weg, schmiß die Tür mit einem Schlag hinter sich zu und ließ sie alleine zurück. Das Mädchen entdeckte, daß das Wasser des Bächleins verschmutzt war, weil so viel Abfall von dem Landhaus hineingeworfen wurde. Sie webte ein großes Netz auf ihrem kleinen Webrahmen und hing es in den Bach. Der Dreck wurde gesammelt, und nur das saubere Wasser floß hindurch.

Wieder ging ein Jahr ins Land, und eines Tages, als das Mädchen am Waldrand Kräuter sammelte, kam der vornehme Herr zurück.

Diesmal fuhr er in einer Kutsche mit dreizehn Pferden vor. Die Kutsche hatte eine merkwürdig blaue Farbe und leuchtete im Dunkeln. Ein fremdes, kaltes Licht erstrahlte. Die Kutsche war voller Schnörkel und Schmuck, und zehntausend Arbeiter liefen hinter ihr her. Innerhalb eines Tages erbauten diese ein Schloß so groß und so voller Pracht und Prunk, daß die Menschen aus dem ganzen Land herbeiströmten, um es zu bewundern.

»Das ist für dich«, sagte der Herr zu dem Jungen. »Du darfst es für den Rest deines Lebens behalten, aber eins mußt du mir im Gegenzug geben.«

»Was immer Sie wollen«, antwortete der Junge.

Der vornehme Herr bat um die Hand seiner Schwester und versprach dem Jungen, daß er sich sehr um sie kümmern würde.

Der Junge gab seine Zustimmung und dachte, sie solle froh sein, solch einen reichen Mann zu heiraten. Daraufhin verschwand der Fremde und ließ den Jungen zurück, der bald in seinem Reichtum ertrank.

Im selben Moment verirrte sich seine Schwester; nichts kam ihr mehr bekannt vor. So sehr sie sich auch anstrengte, sie fand keinen Ausweg mehr. Wieder schnitten ihr die Dornbüsche in ihre zarte Haut, und Raubtiere drohten, sie zu zerreißen. Ein heftiges Gewitter mit gewaltigen Sturmböen brach los. Große Bäume knickten ab wie Streichhölzer und drohten sie zu zerschmettern.

Auch diesmal bemerkte sie, daß sie im Kreise umherlief, und sie sann auf etwas, das ihr nun helfen könnte. Da stach sie sich mit scharfen Dornen in die Finger, und auf jeden Busch und auf jeden Baum ließ sie einen Tropfen hellroten Blutes fallen.

Nachdem sie sieben Tage und Nächte umhergeirrt war, war sie ganz blaß und völlig erschöpft. Sie glaubte, sie müsse sterben. Nun sah sie aber eine helle Glut zwischen den Bäumen dämmern, und so schnell sie konnte, eilte sie dorthin. Zum ersten Mal kam sie in das Land auf der anderen Seite des Waldes.

Dort stand eine königliche Frau mit Sternen in den Augen, die ihre Arme weit öffnete, als hätte sie die ganze Zeit auf das Mädchen gewartet. Das Mädchen ließ sich eine Ewigkeit lang von ihr umarmen, und es war, als würde sie von einem Regenbogen aus Farbenkraft durchströmt. Sie fühlte sich zu Hause und blieb lange Zeit, um sich zu erholen.

Danach bat die königliche Frau sie, noch einmal zurückzugehen. Und das Mädchen ging zurück, und sie trug den langen, blauen Mantel der Sternenfrau. Sie reiste schnell und wunderbar beschützt durch den Wald, zurück zu dem Häuschen. Am Rand des Waldes angekommen, sah sie es zuerst nicht mehr. Das einzige, was sie erblickte, war ein großes Schloß. Den Jungen hörte sie hinter den Fenstern des Schlosses wie ein Trunkenbold singen, und ihr Herz zuckte vor Schmerz zusammen.

Plötzlich stand der vornehme Herr vor ihr und sagte mit scharfer Stimme zu ihr: »Du bist mein, von ihm für immer verschenkt.« Triumphierend griff er sie um die Taille. Da aber brauste der silberne Gürtel vor Leben, und seine Hände wurden schwarz und verschrumpelten.

Wütend befahl er seinen Dienern, sie an den Haaren mitzuschleifen. Nun aber gleißten ihre Haare vor Licht, und seine schwarzen Augen wurden geblendet und leer, so daß er nichts mehr sah.

Tobend vor Ohnmacht erhob er die Stimme und verfluchte sie, aber sie schlug ihren blauen Mantel um seinen Körper, worauf er hilflos hinfiel. Im Nu hatte er sich in nichts aufgelöst, ein Häufchen grauer, kalter Asche, war das einzige, was übrigblieb.

Da verschwanden auf einen Schlag auch Schloß und Kutsche und Pracht und Prunk. An der Stelle, wo das Schloß gestanden hatte, lag ihr Bruder, schwach, bestürzt und beraubt. Seine Augen waren geschlossen, sein Herz war leer und seine Füße geschwollen und krank.

Das Mädchen nahm ihn bei der Hand und ging mit ihm in den undurchdringlichen Wald hinein. Zuerst fanden sie alte, halbverwitterte Wollreste, danach längst vergilbte Kopfhaare und schließlich alte, braungewordene Blutflekken. So erreichten sie die andere Seite des Waldes. Dort wurden sie von einer kristallenen Kutsche mit weißen geflügelten Pferden aufgenommen. Der Kutscher brachte sie in geflügeltem Trab tief in das Land hinein und hielt vor einem goldenen Sonnenturm an. Dort erwartete sie die königliche Frau mit den Sternen in den Augen, sie war in Gesellschaft eines Sonnenkönigs. Voller Liebe wurden Bruder und Schwester empfangen und gepflegt.

Sie blieben lange Zeit, und keiner sprach über das, was er wußte. Allmählich heilte die Zeit die tiefen Wunden. Da öffneten sich die Augen des Jungen, es füllte sich sein armes, beraubtes Herz wieder mit Wärme, und seine Füße genasen.

Danach verließen sie das Land auf jener Seite des Waldes und kehrten zu dem dichten Wald zurück. Mit einem großen Beil hackte der Junge die Dornbüsche und Bäume zurück und bahnte einen Weg quer durch den Wald, vorbei an den Stellen, an denen sich seine Schwester damals verirrt hatte und die sie ihm nun zeigte. Die Arbeit forderte Jahre und Jahre, aber noch bevor er alt und schwach wurde, erreichte er den alten Waldrand.

Künftig konnte jeder, der wollte, von der einen zur anderen Seite des Waldes reisen, ohne Gefahr, sich zu verirren. Der Wald war nicht länger mehr undurchdringlich.

Das Mädchen hielt das Glück jung, das sie erfuhr, als sie erkannte, wie wandlungsfähig ein Mensch ist. Sie strahlte wie ein Stern, und ihr Licht beleuchtete den Weg durch den Wald. Sie beschützte jeden, der den Weg gehen wollte, so daß die Reisenden das Land auf der anderen Seite in Sicherheit erreichen konnten. Da sie damit nie aufgehört hat, beschützt sie den Weg noch immer.

Das Haus mit den vielen Gängen

Nicht sehr weit weg von hier steht ein besonderes Haus. Es ist riesig groß; so geräumig wie zehn Schlösser, aber ohne Türme.

Das Haus hat viele Fenster, große und kleine, runde und eckige. Sie schließen nicht richtig, so daß, wenn es einen Sturm gibt, die Scheiben im Wind schlagen und auch mal zerspringen. Manche Fenster sind dreckig und hängen voller Spinnweben, so daß man nicht hindurchschauen kann, weder von außen nach innen noch von innen nach außen. Andere Fenster haben Scheiben, die so klar sind wie Kristall, und wenn jemand hineinsieht, erblickt er wunderschöne Säle und Gänge voller Gemälde und Wandteppiche.

Die Menschen fürchten sich vor diesem Haus. Es wird erzählt, daß es dort so viele Gänge gibt, daß, wer hineingeht, sich unweigerlich verirrt und dann nach einem Ausweg sucht, bis er vor Erschöpfung stirbt. Gewiß, es gibt eine schöne, runde Eingangstür, durch die jeder, der will, hineingehen kann, aber aus der noch nie jemand wieder herausgekommen ist. Eine andere Tür ist an der Außenseite nicht zu finden.

Nun wohnte in der Nähe dieses großen Hauses ein weiser Einsiedler. Sein ganzes Leben hindurch hatte er zu Gott gebetet, und nie war er jemandem zur Last gefallen. Er hatte vielen den Weg gezeigt und die Wanderer mit Wasser und Brot versorgt.

Eines Tages bekam der Einsiedler unerwarteten Besuch. An der Hintertür klopfte ein liebliches Mädchen. Es war sehr hübsch, hatte lange, gelockte Haare und trug nur ein kurzes Kleidchen. Kein Mensch konnte es anschauen, ohne daß sein Herz Feuer und Flamme war.

Der Einsiedler erschrak vor der Lieblichkeit des Mädchens und versuchte, die Hintertür schnell zu schließen. Aber Schönheit strahlt, und deswegen blendete das Mädchen ihn, und statt die Tür zu schließen, öffnete er sie ganz weit. Sie kam herein, und das friedliche Herz des Einsiedlers entflammte.

Zu gleicher Zeit rieß jemand die vordere Tür des Hauses auf. Ein Wüstling mit einem eisernen Knüppel drängte hinein. Der Mann war kurz und breit, und die Kraft, die er besaß, machte seine Stimme dröhnend und schwer. »Hier bin ich, gib mir die Schönheit!« forderte der Eindringling. Dem Einsiedler fehlte die Zeit, um seine Weisheit zu sammeln. Er bat die Besucher, sich an den Tisch zu setzen, damit man ruhig überlegen könnte, was ein jeder zu tun hätte.

Das Mädchen und der Mann gehorchten zuletzt, und der Einsiedler erkannte, daß sein einfaches und ruhiges Leben zu Ende war. Er seufzte tief und sprach: »Liebes Mädchen, du kamst völlig unerwartet, aber jetzt möchte ich nicht, daß du wieder weggehst. Doch bringst du Gefahr mit dir, und ich kann nicht kämpfen. Wer wird jetzt über die Zukunft entscheiden?«

»Die Zukunft, weiser Mann, gehört mir. Die Vergangenheit gehört dir, und in der Gegenwart ist der Mann aus Feuer und Eisen der Stärkste«, antwortete das Mädchen.

Der wüste Mann brüllte laut vor Lachen und wollte aufstehen, um das, wonach ihm gerade war, zu tun. Aber der Einsiedler redete auf ihn ein, er solle nicht so schwach sein und lieber zeigen, wer von ihnen dreien tatsächlich der Stärkste sei. Dieser dürfe dann entscheiden, was mit den beiden anderen geschehen solle.

Dieses Wagnis gefiel dem starken Mann, aber das Mädchen schauderte, als ahnte es, welche Gefahr jetzt auf es zukäme.

»Ich schlage vor«, so sprach der Einsiedler, »daß wir alle drei in das große Haus hineingehen. Wer bei lebendigem

Leibe wieder herausfindet, der darf entscheiden. Erst gehst du, Mann aus Eisen, dann gehe ich, und wenn wir nicht zurückkehren, gehst du hinein, liebes Mädchen.«

Sein Vorschlag wurde akzeptiert, und der Mann aus Eisen verließ ohne Angst das Häuschen des Einsiedlers. Die beiden anderen folgten ihm mit Abstand.

Schon bald erblickten sie das große Haus. Es hatte bizarre Formen, an manchen Stellen war es gerade, an anderen gebogen, und die Seite zur Linken der Tür sah anders aus als die zur Rechten. Hier waren die Mauern hoch, ein wenig weiter waren sie niedrig. Manche Fenster klapperten und machten einen unheilverkündenden Eindruck.

Die schöne Eingangstür, die voller Holzschnitzwerk mit Abbildungen von Tieren und Blumen war, stand einladend offen, und ohne seinen Schritt zu bremsen, polterte der Wüstling hinein. Ganz von selbst schloß sich die Tür, und die beiden anderen schlugen ihre Zelte gegenüber dem Haus auf. Elf Tage warteten sie, aber der Mann aus Eisen kam nicht wieder zum Vorschein.

Jetzt war der Einsiedler an der Reihe. Die Augen auf den Himmel gerichtet schritt er hinein. Das Mädchen wartete elf Tage, und als auch er nicht wiederkam, beschloß sie hineinzugehen. Aber sie hatte die Wartezeit ausgenutzt. In ihrem Zelt hatte sie einen langen Faden gesponnen, aus dem sie ein starkes Seil gehäkelt hatte. Sie rollte das Seil auf und knüpfte das eine Ende an einen dicken, alten Apfelbaum neben dem Haus. Das Knäuel legte sie auf das Fenstersims, das der Eingangstür am nächsten war.

Sie pflückte saure und unreife Apfel und warf sie durch die Scheibe. Dutzende von Äpfeln verschwanden in dem geheimnisvollen Haus, und das Mädchen horchte, wie sie aufschlugen.

Dann nahm sie ein Stückchen weißer Kreide und verwahrte es unter ihrem Kleidchen. Jetzt ging sie zur Eingangstür und blieb voller Bewunderung davor stehen. Hingegeben schaute sie sich die wunderbaren Tier- und Pflanzenbilder an. Sie erkannte sie, und liebkosend glitten ihre Finger über das Holz. Während sie dies tat, ertönten plötzlich einige Klänge.

Nochmals glitten ihre Finger über das Holz, und bei dem Druck auf bestimmte Pflanzen und Tiere erklangen geheimnisvolle Töne. Sie lauschte aufmerksam und bewahrte die Klänge in ihrem Herzen. Darauf ging sie hinein, und die Tür schloß sich hinter ihr.

Neugierig schaute sie umher. Sie stand in einem gläsernen Ball, der sich langsam wälzte, und wenn sie nicht hinfallen wollte, mußte sie mitlaufen. So verlor sie jegliches Orientierungsgefühl, und erst nach einer Weile hielt der Ball an, und klirrend zerbrach er in tausend Scherben. Jetzt gab es kein Vorn und kein Hinten, kein Oben und kein Unten mehr. Ein farbiger Regenbogen erstrahlte aus den Scherben, die aussahen als wären sie aus Kristall. Das Mädchen fühlte sich jeglichen Halts beraubt und wollte weg aus dieser Verwirrung. Aber wohin? In alle Richtungen konnte sie gehen, Tausende von Gängen und Öffnungen stierten sie an. »Hierhin!«, »Dorthin!« schienen sie zu sagen. Aber sie wußte nicht, welchen Weg sie nehmen sollte, und hilflos setzte sie sich hin.

Plötzlich entsann sie sich eines Klanges der Eingangstür, und in Gedanken versunken legte sie mit den Scherben das Muster, das der Künstler in das Holz geschnitzt hatte. Es gelang ihr immer besser. Es war, als ob die vielen Scherben ein Puzzle bildeten, das durch ihre Arbeit das Muster der Eingangstür wiederholte.

Sie faßte wieder Mut, denn die Klänge in ihrem Herzen schufen eine Melodie, an die sie sich dumpf erinnern konnte. Unter ihren Händen wuchsen Rosen und Pfauen, Löwen und Löwenmäulchen, Giraffen und Känguruhs, Wölfe und Vergißmeinnicht. Eine bunte Mischung und dennoch genau passend. Unermüdlich arbeitete sie, ohne sich einen Augenblick Ruhe zu gönnen, und schließlich legte sie die letzte Scherbe an ihren Platz. Jetzt erklangen Tausende von Geigen und Flöten, und die Melodie, die sie inzwischen schon so gut kannte, strömte in goldenen Klängen über sie hinweg. Sie schaute auf, und das Dach über ihr wuchs und wuchs, und ein hoher Turm ragte empor. Eine Wendeltreppe begann zu ihren Füßen, und einladend stiegen die Stufen an.

Aber das Mädchen hatte Hunger und Durst, und sie traute dem Turm nicht. Schnell nahm sie ihr Stückchen Kreide und zog eine Linie um den Turm. Kaum hatte sie den Kreis geschlossen, da verschwand der Turm ebenso plötzlich, wie er erschienen war. Es wurde jetzt schlagartig dunkel, und der weiße Kreidekreis war das einzige, was sichtbar blieb. Sie zog eine Linie quer durch den Kreis und lief in die Finsternis hinein, während sie die Linie auf dem Boden weiterzeichnete. Nach einer Weile roch sie den Duft von Äpfeln. Vorsichtig tastete sie um sich herum. Überall lagen Äpfel: die Äpfel, die sie selbst dorthin geworfen hatte. Jetzt waren sie reif und süß, und sie aß die Früchte, so daß Hunger und Durst verschwanden.

Sie tapste weiter und entdeckte in der Wand ein Fenster. Hier mußte sie das Seil suchen! Sie öffnete das Fenster und zog das Knäuel hinein. Schnell wollte sie hinaus an dem Seil entlang zu dem Apfelbaum, aber das Fenster fiel zu, und so sehr sie sich auch anstrengte, es gelang ihr nicht, es wieder zu öffnen.

Da weinte sie traurig, weil somit ihr Plan fehlschlug. Hier saß sie jetzt. Das Seil verband sie zwar mit dem Apfelbaum dort draußen, aber das Fenster ließ sich nicht öffnen. Wie sie auch stieß und sogar trat, es blieb unbeweglich, und die Scheiben zerbrachen nicht. Draußen blieb draußen, und sie blieb drinnen. Ihre Tränen kullerten, und vor Erschöpfung fiel sie zuletzt hin und schlief ein, in der einen Hand das Stück Kreide und in der anderen das Seil.

Während sie schlief, näherte sich ihr eine leuchtende Gestalt. Sie merkte nicht, wie sie aufgehoben und vorsichtig zu einem großen Saal getragen wurde. Dort erst wachte sie auf, und um sich erblickte sie sieben Frauen, die strahlten wie Sterne. Milde, Güte, Liebe und Weisheit, Ruhe und Ganzheitlichkeit gingen von ihnen aus, und wortlos zeigten sie dem Mädchen goldene Gefäße am Ende des Saales. Diese glänzten und glitzerten, und nie vorher hatte das Mädchen so etwas Schönes gesehen. In jedem Faß funkelte eine helle Flüssigkeit, und während sie leise sangen, schenkten die hellen Gestalten ihr einen Becher ein. Jede schöpfte aus einem anderen Faß. Der Becher war aus reinem Gold, und eingehüllt von der Wärme der sieben Frauen, leerte das Mädchen den Becher. Die ihr jetzt so bekannte Melodie erklang, und bei diesen Klängen schlief sie wiederum ein.

Nach einer langen Zeit wachte sie auf dem harten Boden auf. Sie rieb sich die Augen. Hatte sie geträumt oder nicht? Alles war noch genauso wie zu dem Zeitpunkt, als sie eingeschlafen war, oder doch nicht? Es war jetzt hell! Sie konnte wieder sehen! Sie dankte den sieben Frauen in ihrem Herzen, und weil das Licht ihr geschenkt worden war, faßte sie wieder Mut. Sie sah, daß sie in einem breiten Gang war. Einige Äpfel lagen auf dem Boden, und eine weiße Linie endete vor ihren Füßen. In ihrer Hand hielt sie das Knäuel, aber es war kleiner als am Vortag. Die eine Seite reichte unter dem Fensterrahmen nach draußen, aber das andere Ende lief nun durch den Flur.

Sie lachte fröhlich, hob die übriggebliebenen Äpfel auf und aß sie. Danach folgte sie dem Seil durch den einen Flur und dann durch noch einen und noch einen. Am Ende mußte der Saal sein, und dort konnte sie Trost, Sicherheit und guten Rat finden. Sie sang die Melodie des Hauses und sprang und tanzte durch die prächtigen Gänge voller Teppiche, Lampen, Gemälde und Statuen. Aber das Seil nahm kein Ende, und irgendwann wurde sie müde und verstummte. Wo war jetzt der Saal? Das Seil schien sich wie ein Gummi ausgedehnt zu haben, und jede Schleife schien endlos lang. Was jetzt? Nun kam die Verzweiflung wieder über sie. Langsam lief sie weiter, aber wacher als zuvor, und so erregte ein kleines Türchen in einer Ecke ihre Aufmerksamkeit. Vorsichtig öffnete sie es. Würde sie da hinaus können? Sie ging hinein in den Raum und schaute sich um. Da stand sie in einem Badezimmer!

Ein Bad voller ekligem, stinkendem Schlamm, voller Spinnen und anderem Ungeziefer und mit einem muffigen, widerlichen Gestank – das fand sie dort. Sie eilte in den Flur zurück und versuchte, die Tür wieder zu schließen, aber es gelang ihr nicht. Der Gestank zog in die schönen Gänge hinein, und Spinnen und Tausendfüßler, kriechendes und fliegendes Ungeziefer zogen an ihr vorbei und schwärmten aus in die Gänge. Motten fraßen an den Teppichen, Gemälde wurden angenagt, und das Mädchen wußte nicht, was sie tun sollte.

Plötzlich leuchtete ein heller Stern über ihrem Kopf auf und zeigte ihr den Weg. Mutig trat sie weiter in das Badezimmer hinein, ging zur Badewanne, steckte ihren Arm in den saugenden Schlammbrei hinein und zog den Stopfen heraus. Schlürfend und saugend rutschte der Schlamm weg durch das Abflußrohr, und erleichtert öffnete sie die Hähne. Sie schrubbte sich und die Badewanne, das Zimmer, die Wände, den Boden und die Tür. Als sie fertig war, schaute sie in den Gang. Das ganze Ungeziefer war aus den Gängen verschwunden. Sie lachte und sprenkelte das klare Wasser nochmals über sich.

Da hörte sie plötzlich eine Stimme. »Gib mir Wasser! Ich habe Durst!«

Unter ihren Füßen bewegte sich etwas, und eine Luke wurde geöffnet. Dort erblickte sie den Wüstling, der mit seinem eigenen Eisen angekettet war. Sie gab ihm etwas zu trinken und versuchte, ihn zu befreien. Aber er wollte nicht befreit werden und sagte ihr, daß seine Zeit vorbei sei und daß ihre beginne. Seine Augen waren ruhig geworden, und sie spürte seine Kraft und Wärme.

»Nimm meinen eisernen Knüppel! Du wirst ihn brauchen können«, sagte der Mann. Da der Knüppel aber zu schwer war, gab der Mann ihr eine eiserne Spitze, die abgebrochen war und die er die ganze Zeit aufbewahrt hatte. »Ich hoffte, einen Schmied zu finden, der sie wieder anschmieden würde, aber jetzt kommt es recht so. Nimm diese Eisenspitze, und meine Kraft wird dich begleiten.«

Das Mädchen stellte dem Mann Wasser hin und ließ die Luke offen. Danach ging sie zögernd und mit einem wehen Herzen weg. Weiter, immer weiter.

Nach einer Weile kam sie zu einem großen Platz. Ihr wurde schwindlig, und ängstlich griff sie nach irgendwelchen Mauern, um einen Halt zu finden. Aber diese bewegten sich und veränderten sich, und erneut verlor sie jeglichen Halt und alle Orientierung. Ihr Seil verwirrte sich, und sie verwickelte sich selbst hinein. Sie konnte sich kaum noch bewegen.

Eingesponnen in ihr eigenes Seil, fühlte sie sich hilflos und wartete ab. Kleine, dunkle Schatten flogen über sie und streiften ihr Haupt. Sie waren farblos, geräuschlos und beängstigend. Dagegen kämpfen half nicht, im Gegenteil, je mehr sie sich wehrte, um so größer wurde die Schar. Sie überfielen sie wie ein Heuschreckenschwarm und beraubten sie ihrer letzten Freiheit.

Sie spürte, wie der Tod selbst sich ihr näherte, und eine dunkle Kälte stieg in ihren Gliedmaßen auf. Eine graue Gestalt kam näher, und da erkannte sie den Einsiedler. Sprechen konnte sie nicht mehr, und als er noch näher kam, überfiel sie eine gewaltige Angst. Zitternd fuhr sie zusammen.

Seine Augen schauten sie leer und kalt an, und sie sah, wie zahllose Zweifel in seinem Kopf umhertollten. Ihr kamen jetzt zum ersten Mal auch Zweifel. War sie verrückt geworden? Wem konnte sie überhaupt trauen? Gab es überhaupt einen Ausweg? Wer war sie selbst?

Sie ertrug seinen Blick nicht länger und schloß die Augen. Eine treue Melodie stieg auf in ihrem Herzen und inmitten der trüben Todesstimmung fand sie ihre Stimme wieder, und sie sang! Sie sang die Melodie! Zuerst sang sie ganz leise, dann lauter, und schließlich ertönte ihre Stimme durch die Gänge und drängte in das trügerische Gemäuer.

Der alte Einsiedler horchte und horchte. Ein vorsichtiges, inneres Lächeln erfüllte seine Augen, und er ging auf sie zu und überreichte ihr ein weißes Buch mit goldenen Buchstaben. Und sie sang und sang, und plötzlich verschwanden die Schatten und der Einsiedler.

Sie hörte nicht auf, aus voller Kraft und Wärme und Helligkeit zu singen, und um sie herum wandelte sich das ganze Haus. Es wurde zu einem Schloß mit hohen Türmen und vielen durchsichtigen Fenstern. Fenster und Türen wechselten einander ab. Sie konnten geöffnet oder geschlossen werden, je nach Wetterlage. Und das Mädchen sang ununterbrochen. Und da kamen plötzlich Menschen, sie liefen ein und aus und bevölkerten die Gänge und Säle. Voller Elan machten sie sich in den Küchen und Zimmern an die Arbeit. Blühende Gärten umsäumten alsbald das Schloß, und zahllose Tiere lebten in Harmonie miteinander.

Und das Mädchen sang weiter und verwandelte sich in eine wunderschön gekleidete, königliche Frau. Sie trug eine Krone mit goldenen Sternen und um ihre Taille eine silberne Schnur mit einem Diamanten, der die gleiche Form hatte wie das Stück Eisen, das sie geschenkt bekommen hatte. In ihren Händen trug sie einen weißen Stab mit goldenen Buchstaben. Und neben ihr stand ein königlicher Mann, aus dessen Augen Weisheit strahlte, dessen Hände Kraft gaben und dessen Gestalt Freiheit für alle Gefangenen verhieß.

Die Frau sang, und der Mann nahm sie bei der Hand, und zusammen stiegen sie die Treppen des Schlosses hinauf.

203

Der Sarg

Es war einmal ein gerechter Mann, der schon viele Winter und Sommer erlebt hatte. Er besaß ein gut gebautes Haus. Seine Frau hatte er einige Jahren zuvor beerdigt. Seine Kinder wurden zu tüchtigen, braven Männern und Frauen erzogen. Er hatte Enttäuschungen erlebt, er hatte seine Schwächen bekämpft, er hatte Schmerzen erlitten, und er hatte Abschied nehmen müssen von vielen Menschen und von seiner Jugend.

Im ganzen jedoch konnte er mit seinem Leben zufrieden sein und seinem eigenen Ende, das wohl in wenigen Jahren kommen würde, mit Gelassenheit entgegensehen. Also bereitete er sich auf die kommenden Ereignisse vor. Er beschloß, bei einem fähigen Schreiner einen stabilen Sarg aus Eichenholz in Auftrag zu geben. Warum sollte man diese letzten Aufgaben des Lebens verschieben oder den Kindern überlassen? Der Mann sorgte dafür, daß der Sarg geräumig wurde, weil er es später nicht zu eng haben wollte. Die Innenseite des Sarges wurde mit zartem, weißem Satin ausgekleidet. An der Außenseite gab es solide, vergoldete Handgriffe.

Als der Sarg fertig war, wurde er ihm ins Haus geliefert, und der Mann entlohnte den Handwerker reichlich. Zufrieden bewunderte er seinen letzten Ruheplatz und legte sich dann schlafen.

Da der Sarg ihm am Tag so viel Freude gemacht hatte, ließ er ihm auch nachts keine Ruhe. Er träumte und träumte, und in jedem Traum erschien ihm der Sarg. In einem Traum flog der Mann wie ein Vogel umher, in einem anderen trabte er wie ein Pferd auf der Wiese, dann wieder wurde er König in einem Schloß oder Bettler an einem Stadttor. Aber jeder Traum endete in der gleichen Art und Weise. Immer wieder erschien der Sarg aus Eichenholz.

Als der Mann zuletzt schweißgebadet aufwachte, war er wütend auf den Sarg. Er fühlte, wie dieser Macht über alles, was je in ihm gelebt hatte und noch in ihm lebte, bekommen hatte.

Er eilte in seine Werkstatt, nahm ein gewaltiges Beil und wollte den Sarg zerschlagen. In seiner Wut fühlte er eine riesige Kraft wachsen, von der er zuvor dachte, daß sie ihn schon vor vielen Jahren verlassen hatte.

Er hob das Beil, aber ließ es zögernd wieder sinken, denn es kam ihm ein Gedanke. Selbst wenn er diesen Sarg vernichten würde, würde dennoch ein anderer kommen, und auch wenn er den zerstören würde, würde wieder ein anderer kommen, und das würde immer so weitergehen, denn er wußte: Er war auf dem Weg zum Tode. Und auch wenn er, solange er lebte, dem Sarg entfliehen konnte, so würden seine Nachfahren im Todesfall einen soliden Sarg für ihn bestellen. Der Tod würde auf jeden Fall einen Sarg mit sich bringen, und dem konnte er nicht entrinnen.

Der Mann stellte das Beil hin, stützte den Kopf auf seine Hände und dachte tief nach. Ohne Sarg ging es nicht. Er und der Sarg waren unwiderruflich miteinander verbunden. Während er diese Überlegungen anstellte, übermannte ihn der Schlaf, und für kurze Zeit war er von seinem Grübeln befreit. Aber die Träume wiederholten sich. In den Träumen sah er ferne Länder, viele Abenteuer und viele unbekannte Wesen. Das ganze Leben, das er bis jetzt nicht gelebt hatte, erträumte er. Doch auch jetzt wurde er überall hin von dem Sarg begleitet.

Zum zweiten Mal erwachte er, aber diesmal ohne ohnmächtige Wutgefühle. »Wenn ich den Sarg nicht vermeiden kann, dann soll er mich befreien!«, so dachte der Mann. Also ging er am nächsten Tag zu dem Schreiner, und bat ihn, ein Loch in den Deckel des Sarges zu machen. Er gab ihm auch den Auftrag, zwei starke Ruder, die in die Henkel des Sarges passen würden, anzufertigen.

Der Schreiner erfüllte die Anweisungen, bekam sein Geld und vermied es, lästige Fragen zu stellen.

Jetzt verreiste der Mann. Den Sarg nahm er auf einem Handkarren mit, und fröhlich pfeifend verabschiedete er sich von jedem, der ihm begegnete. Er lief und lief, bis er zum Meer kam. Dort schleppte er den Sarg durch die Brandung ins Wasser, setzte sich hinein und fing an zu rudern. Es war jetzt zu spät, darüber nachzusinnen, wie weise oder töricht dieser Plan war. Er mußte aufpassen, nicht gegen Felsen geschmettert zu werden oder zu kentern oder gar zu ertrinken.

Nach einer Weile war er auf hoher See, und da fing er an zu lachen, so daß sein Lachen weit und breit über das Wasser schallte. Gewonnen! Nicht in der dunklen Erde, sondern auf dem hellen Meer, wo Luft und Leben war, war er gelandet! Die Macht des Sarges war gebrochen.

Tage und Wochen ruderte er und trieb auf den Wellen weiter. Die Lebensmittel und das Trinkwasser, das er mitgenommen hatte, gingen zur Neige, und der Mann fürchtete, daß der Sarg doch sein Todessarg werden würde. Aber bevor es soweit war, sah er in der Ferne einen Streifen Land. Er ruderte und ruderte mit seinen letzten Kräften. Schließlich strandete der Sarg in lockerem, gelbem Sand. Der Mann stieg aus und erkundete das neue Land.

Es wuchsen dort wunderbare Bäume, die mit reifen Früchten beladen waren. Es lebten dort viele Tiere, die keine Angst vor Menschen kannten. Aber ihm fiel auf, daß alle Bäume alt waren, daß die Vögel keine Nester mit Eiern hatten und daß die anderen Tiere keine Jungen versorgten. Nach einer Weile kam er zu einer Lichtung zwischen den Bäumen. Dort sah er einen riesigen, schwarzen Vogel. Der Vogel war so schwer, daß er unmöglich fliegen konnte. Seine Augen waren kalt und stumpf, und sein Schnabel war lang und scharf. Er lief ruhelos hin und her, bis er den Mann ausmachte. Sofort ging er auf ihn zu, und bevor dieser wußte, wie ihm geschah, wurde er vom Boden aufgehoben, als ob er nur ein Federchen sei.

»Endlich ein leckeres, junges Häppchen«, schnarrte der Vogel. »Schon so lange habe ich nichts Frisches mehr gegessen.«

Plötzlich jedoch ließ er den Mann genauso schnell, wie er ihn aufgehoben hatte, wieder fallen. »Du bist alt! Nichts an dir ist frisch! Kein Eichen, kein Junges, kein Steckling und kein Same, der keimt, auch kein frisches, angespültes Menschenkind!« Und sauer schlug der Vogel mit seinen gewaltigen Flügeln.

Der Mann hörte dies alles voller Schrecken, bat aber dann den Vogel, mit ihm mitzugehen, weil er am Strand noch ein leckeres Häppchen für ihn habe. Der Vogel begleitete ihn, und nach einer Weile fand der Mann den Sarg. »Steig da hinein«, sagte er zu dem Vogel, »und du wirst die herrlichsten Häppchen finden.«

Ahnungslos stieg der Vogel hinein, und der Mann schlug den Deckel zu. Nur der Vogelkopf schaute noch aus dem Loch heraus. Nun nahm der Mann sein Beil, das er sicherheitshalber mitgenommen hatte, und schlug dem Vogel den Kopf ab. Der Kopf rollte ins Meer und sank sofort auf den Meeresboden.

Aus dem Sarg erklangen vielerlei Töne und Geräusche, und als der Mann den Sarg öffnete, sah er eine Unmenge an jungem Leben. Winzige Vögelchen, kleine Eichhörnchen, Rehkitze und viele andere Jungtiere wimmelten in dem Sarg und krochen über den Rand. Der Mann entdeckte auch verschiedene grüne Stecklinge, Bäumchen und andere Pflänzchen, und nachdem er die Pflanzen gerettet hatte, sah er plötzlich kleine Kinder, die in dem Sarg kauerten. Sie reckten und streckten und dehnten sich, so als hätten sie sich schon viel zulange in einem zu kleinen Raum befunden. Sie lachten nun und brabbelten, aber er verstand ihre Sprache nicht.

Hiernach nahmen sie die Stecklinge und die Pflanzen und die Bäumchen und rannten landeinwärts, um sie zu pflanzen. Im Nu brauste die Insel auf vor jungem Leben, und der Mann fragte sich voller Erstaunen, wie die alle die ganze Zeit in dem Vogel überlebt hatten.

Er half den Kindern, Häuser zu bauen, und pflegte die jungen Tiere, die noch nicht für sich selbst sorgen konnten. Eines Tages, als er zum ersten Mal wieder etwas Zeit hatte, lief er zum Strand, um seinen Sarg weiter aufs Trockene zu ziehen. Aber der Sarg war verschwunden, und statt dessen fand er ein kleines, goldenes Kästchen, das kunstvoll gearbeitet und mit Edelsteinen geschmückt war.

Das Kästchen glänzte, als wollte die Sonne selbst sich darin spiegeln. Der Mann trug das goldene Kästchen zu der Lichtung zwischen den Bäumen. Leise kamen alle Tiere und Kinder angelaufen, von dem goldenen Glanz angelockt. Der Mann öffnete das Kästchen. Ein schneeweißer Vogel flog daraus auf und setzte sich auf die Schulter des Mannes. Der Vogel war klein, aber als er anfing zu singen, war es, als ob die ganze Welt von den Klängen aus seinem Kehlchen erfüllt würde. Atemlos lauschte der Mann seinem Lied.

Als es zu Ende war, fühlte er neues Licht und Leben in seinem Herzen und in seinen Gedanken. Der kleine Vogel blieb sitzen, und der Mann öffnete das Kästchen erneut. Jetzt kam eine Schnur mit schneeweißen Perlen zum Vorschein, und der Mann öffnete die Schnur und streute die Perlen um sich. Dort, wo die Perlen den Boden berührten, erhoben sich Männer und Frauen königlicher Gestalt und mit einem lieblichen Blick. Sie bildeten einen Kreis um ihn herum, und der letzte nahm aus dem goldenen Kästchen einen großen goldenen Schlüssel und gab ihn dem Mann.

Der Mann nahm den Schlüssel in Empfang. Als er sich umschaute, sah er vor sich ein großes Tor mit einer Tür aus Eichenholz. Die Tür war verschlossen, aber er zögerte nicht und öffnete sie mit dem goldenen Schlüssel. Alle folgten ihm, und plötzlich standen sie in einer Landschaft voll herrlicher Blumen und Farben und voller Schmetterlinge. Alles war von einer Schönheit, die der Mann noch nie vorher gesehen hatte. Die Tränen standen ihm in den Augen vor Rührung.

Alle Kinder stellten sich, zusammen mit den Männern und den Frauen, um ihn herum, und sobald der Kreis geschlossen war, entsprang vor seinen Füßen eine kleine Quelle, aus der das sauberste Wasser, das er je im Leben gesehen hatte, floß. Der Mann trank davon, und während alle jauchzten und sangen, wurde sein Wesen so jung und hell wie nie zuvor. Auch er konnte da nur jubeln und jauchzen. Und diese Freude nahm fast kein Ende.

Aber dann setzte der kleine, weiße Vogel sich auf seine Schulter, und der Mann drehte sich um, die Tür aus Eichenholz öffnete sich von selbst, und umringt und durchdrungen von neuem Leben kam er wieder zu der Lichtung. Er verabschiedete sich von den Kindern und den Tieren, baute für sich selbst ein neues Boot und zog in die weite Welt, und überall, wohin er kam, entstand neues Leben. Was dürr war, blühte auf, und was fruchtlos war, trug Früchte. So reiste der Mann umher, und viele folgten seinem Vorbild.

In seinen Träumen erschien der Sarg nie wieder, nur die Tür stand manchmal noch einladend offen für ihn.

Goldglanz

Es war einmal ein Häuschen auf der Heide, in dem ein einfacher Schafhirte mit seiner Frau und seinen Kindern wohnte. Als ein neues Kind geboren wurde, freuten sich die Eltern und die anderen Kinder sehr.

Das Neugeborene war klein und zart, und die Eltern waren äußerst vorsichtig, damit ihm nichts geschähe. Es war ein Junge, und da er goldfarbene Haare hatte, nannte man ihn Goldglanz.

Goldglanz war ein fröhliches Kind. Er liebte die Bäume und die Blumen, die frische Luft und den Sonnenschein. Er spielte gerne auf der Heide mit den anderen Kindern. Wenn ihm kalt war, kroch er zu den Schafen, die ihn mit ihrem wolligen Fell wärmten.

Am liebsten war Goldglanz bei seinem ältesten Bruder. Der war alt genug, um dem Vater zu helfen, und Goldglanz schaute oft zu, wie er die Schafe pflegte oder das Haus reparierte.

Manchmal durfte Goldglanz mit auf die Heide zu den Schafen. Er blieb stets in der Nähe seines Bruders, damit er sich nicht verirrte.

So wuchs der Junge heran, und als er etwas größer war, fragte sein Bruder ihn, ob er ihn bei einer besonderen Wanderung begleiten wolle. Es war ihm zu Ohren gekommen, daß tief im Walde in einem hohlen Baumstamm ein Schatz verborgen sei. Viele hatten ihn schon gesucht, aber der Schatz wurde nie gefunden.

Goldglanz, unternehmungslustig wie er war, freute sich auf das Abenteuer. Sie packten Proviant ein, verabschiedeten sich und machten sich auf den Weg. Sie lachten viel, aßen Brombeeren und Waldbeeren und schliefen nachts nah beieinander unter Heidebüschen.

So erreichten sie den dunklen Wald, und vorsichtig bahnten sie sich einen Weg ins Innere. Goldglanz klammerte sich an seinen Bruder, weil er Angst hatte, sich zu verirren. Immer tiefer zogen sie in den Wald hinein. Dort standen gewaltig hohe Buchen, und sie suchten und suchten, bis sie einen hohlen Baum fanden, aber ein Schatz war dort nicht verborgen. Nachdem sie tagelang weitergesucht hatten, wurden sie immer hungriger und müder, und der älteste Bruder sagte: »Wir sind vom Weg abgekommen. Es ruht kein Segen auf unserem Abenteuer. Wir müssen weg von hier. Um den Schatz kümmern wir uns besser nicht mehr!« Und mit Riesenschritten marschierte er ab, auf der Suche nach einem Weg aus dem dunklen Wald heraus.

Goldglanz erstarrte vor Angst. War es denn falsch, einen Schatz zu suchen? Das konnte doch nicht wahr sein! Er verstand nichts mehr, fühlte sich im Stich gelassen und versuchte, wie immer, seinem Bruder zu folgen. Aber der war, ohne sich noch einmal umzuschauen, zwischen den Bäumen verschwunden, und Goldglanz fand keine Spur von ihm mehr.

Tiefe Verzweiflung beschlich ihn. Er setzte sich zwischen die Farne, den Kopf in den Händen. Er war traurig und fühlte sich einsam und wußte nicht, was er tun sollte. Er vergaß Zeit und Ort und wäre so sitzen geblieben, wenn nicht etwas Merkwürdiges geschehen wäre.

Es rollte ein warmes, rotes Knäuelchen vor seine Füße, und als er aufschaute, sah er, daß es ein junger Fuchs war, der einen Purzelbaum geschlagen hatte. Er hob das Tierchen auf, und es war, als würde dies ihn wachrütteln. Goldglanz stand auf und streichelte das Tierchen. Hatte es keine Mutter? Keine Brüder oder Schwestern? Anscheinend nicht. Es schien genau wie er auf sich selbst gestellt zu sein, und deswegen war Goldglanz der Meinung, daß sie wunderbar zusammenpaßten. Er nahm einen Essensrest, gab dem Fuchs etwas davon und machte sich mit ihm auf den Weg.

Er sagte dem kleinen Fuchs, was er suche. Da dieser mehrere hohle Bäume kannte, führte er Goldglanz zu denen hin. Manchmal fanden sie einen funkelnden Stein oder eine Glasperle, die eine Elster oder eine Krähe dort hatte liegenlassen, aber keinen Schatz.

Schließlich brachte der Fuchs ihn zu einem Baumstumpf, der nur einen Meter hoch und innen völlig hohl war. Der Junge kletterte hinein, und auf dem Boden sah er eine Luke mit einem eisernen Ring. »Vielleicht eine Schatzkiste!« dachte Goldglanz, und er zog kräftig an dem Ring. Die Luke öffnete sich, und er erspähte eine Treppe. Vorsichtig ging er hinunter, und der kleine Fuchs trippelte hinterher.

Unten an der Treppe war ein langer Flur mit vielen Türen. An jeder Tür hing ein Schild. »Wer hier hineingeht«, stand auf dem ersten Schild, »muß ein Jahr seines Lebens abtreten.« Goldglanz war jung und kümmerte sich nicht um ein Jahr mehr oder weniger. Er öffnete die Tür und ging hinein.

Dort sah er einen großen See, und am Rand des Sees saßen fünf liebliche Jungfrauen. Sie lachten ihm zu, und mit einem silbernen Becher schöpften sie Wasser aus dem See. Der Junge trank aus allen Bechern einen Schluck. Daraufhin fiel er wie tot um. Die Jungfrauen nahmen seinen Körper und warfen ihn in den See. Auf dem Boden des Sees war ein Trichter, und der Junge wurde hineingesogen. Unten in dem Trichter lebte eine gelbgrüne Schlange, die sich um den Jungen schlang und sich über ihre Beute freute. Da geschah aber wieder etwas Merkwürdiges. Der Junge öffnete die Augen und kehrte zum Leben zurück. Die Schlange erschrak. Das war noch nie geschehen. Sie zischte vor Wut, aber der Junge hatte goldene Haare, und deren heller Glanz löschte ihre Kräfte aus.

Der Junge rang sich los, ergriff die Schlange und zog ihr den Giftzahn aus. Deshalb mußte sie ihm nun dienen, und während er die Schlange festhielt, befahl er ihr, ihn hochzutragen. Die Schlange schwamm durch den Trichter hinauf, bis an den Rand des Sees. Dort sprang der Junge aus dem Wasser.

Die fünf Jungfrauen waren verschwunden, und an der Stelle, wo sie gesessen hatten, fand er fünf blutrote Rubine.

Der Junge kehrte durch die Tür in den Gang zurück, wo der kleine Fuchs noch auf ihn wartete. Er sah erbärmlich aus, mager bis auf die Knochen, mit fahlem Haar und traurigen Augen. Plötzlich entsann der Junge sich des Schildes auf der Tür. War er denn wirklich ein Jahr lang weggewesen? Dem Fuchs nach zu urteilen schon. Wie hatte der Fuchs dieses Jahr überhaupt überlebt? Plötzlich bemerkte er eine kleine Schale am Ende des Flures. Der Fuchs ging dorthin und aß trockenes Brot und schlürfte Wasser. Wunderbarerweise blieb die Schale gefüllt. Der Junge war gerührt von der Treue des kleinen Fuchses. Er hob ihn auf und drückte ihn an seine Brust. So lief er zur zweiten Tür.

»Wer hier hineingeht, verliert fünf Jahre seines Lebens«, stand auf der Tür, und der Junge zögerte kurz. Er wußte, daß es die Wahrheit war, und fünf Jahre waren eine lange Zeit. Trotzdem ging er, zusammen mit dem Fuchs, hinein. Er kam in einen großen Raum, wo ein blauer Stern auf dem Boden lag. Neun Zacken hatte der Stern, und er strahlte hell. Der Junge wurde von den Strahlen gefangengenommen, und betäubt lief er zur Mitte des Sterns. Er fühlte, wie er hochschwebte, und ein herrliches, leichtes Gefühl erfüllte seinen Kopf. Er vergaß, wer er war und was er suchte, und seine Augen verloren sich in dem strahlenden Licht des Sterns unter ihm.

Nach einer endlosen Zeit spürte er einen scharfen Schmerz im linken Arm. Blut träufelte aus seinem Arm, und vor Schrecken schaute er weg von dem Stern. Er sah eine tiefe Wunde in seinem Arm. Der treue Fuchs hatte ihn bis aufs Blut gebissen, in einem letzten, verzweifelten Versuch, ihn von dem Bann des blendenden Sterns zu lösen. Er streichelte den Fuchs, riß einen Streifen von seinem Hemd ab und verband seine Verletzung.

Als er um sich schaute, war der strahlende Stern nicht mehr zu sehen. Er stand jetzt in einer trockenen, dürren Wüste, die dieselbe Farbe hatte wie der Pelz des Fuchses. Goldglanz setzte das Tier auf den Boden. Sand und Hitze umgaben die beiden von allen Seiten.

Goldglanz, der inzwischen ein Jüngling geworden war, lief los und ging dabei in Richtung der Sonne. Sie brannte auf seinem Schädel und auf seinem Körper. Die Wunde am Arm blutete weiter.

Der Tag dauerte endlos lang. Nach vielen Stunden ging die Sonne hinter dem Horizont unter, und es wurde dunkel. Hoch am Himmel erschienen Sterne. Sie glänzten und erinnerten den Jüngling an den Stern, der hinter der zweiten Tür war. Er fühlte sich erschöpft und einsam und sackte in sich zusammen. Der kleine Fuchs suchte seine Nähe, weil es schon bald eisig kalt wurde. Die Kälte drang in die Wunde und ließ das Blut gerinnen. Sobald der Junge bemerkte, daß die Binde trocken blieb, nahm er sie weg und betrachtete seinen Arm. Eine zarte, empfindliche, neue Haut bildete sich über der Wunde, und in der neuen Haut war der Abdruck eines Sterns zu sehen. Das kam dem Jungen recht sonderbar vor, und er starrte lange Zeit auf seinen Arm.

Plötzlich bemerkte er, daß er etwas unternehmen mußte, um zu verhindern, daß die Nacht und die Kälte ihn überwältigten. Mit beiden Händen grub er ein tiefes Loch in den Sand, der noch warm war von der Sonne. Der kleine Fuchs half ihm dabei. Die Arbeit erwärmte sie wieder ein wenig, und je tiefer die Kuhle wurde, desto geschützter waren sie gegen die eisige Kälte. Irgendwann hörten sie auf, und zusammengerollt schliefen sie beide auf dem Boden der Grube ein.

Sie schliefen einen tiefen traumlosen Schlaf, bis sie von einem heftigen Sausen geweckt wurden. Über ihren Häuptern kämpften zwei riesige Vögel. Der eine war ein gewaltiger, schwarzer Raubvogel mit einem gekrümmten Schnabel, der andere war ein weißer, etwas kleinerer Vogel mit einem langen, zierlichen Hals und weiten Flügeln.

Die Luft war von dem Lärm der schlagenden Flügel und schneidenden Schnäbel erfüllt. Schnell ergriff der Junge den kleinen Fuchs, und geduckt kletterte er aus dem Loch. Er rannte so nah wie möglich zu dem weißen Vogel hin und rief dessen Namen. Nie würde er verstehen, woher er den Namen kannte, aber der weiße Vogel drehte sich blitzschnell um und ließ ihn auf seinen Rücken steigen. Er flog geradewegs hoch in die Luft, schnell wie ein Pfeil, aber der schwarze Vogel verfolgte sie. Der Junge hatte die Hosentaschen voller Wüstensand, und schnell nahm er zwei Hände voll und streute den Sand in die Augen des schwarzen Vogels. Der schrie auf, und geblendet und ohnmächtig stürzte er hinunter, genau in das Loch hinein, in dem kurz zuvor noch der Junge und der Fuchs geschlafen hatten. Der Wüstensand stiebte auf und füllte die Grube, so daß man den schwarzen Vogel nicht mehr erkennen konnte.

Inzwischen war der weiße Vogel höher und höher gestiegen, und dem Jungen, der eigentlich schon ein Jüngling war, begegnete der zarte Glanz der Himmelssterne. Sein Kopf füllte sich mit weisen Gedanken, und sein Herz jubelte über den stillen Glanz.

Daraufhin schlief er wieder ein. Er schlief sehr lange, und als er aufwachte, war er wieder in dem Flur. Der kleine Fuchs stand neben ihm, und sein Pelz war nicht mehr rot, sondern schneeweiß. Aus dem Jüngling war ein erwachsener Mann geworden, und er lief langsam weiter den Flur entlang.

Hier fand er nun noch eine weitere Tür. »Wer hier hineingeht, verliert zehn Jahre seines Lebens«, stand auf der Tür. Dort gehe ich nicht hinein, dachte der Mann, und sein kleiner Fuchs war genausowenig dafür. Das Leben war nicht länger endlos, sondern endlich, und er sehnte sich danach, den Flur zu verlassen.

Er lief an der Tür vorüber, aber eine tiefe Trauer übermannte ihn, und halb unwillig drehte er sich um. Der Fuchs und der Mann schauten sich an und nickten. Der Mann tat einen Schritt zurück und öffnete die Tür.

Sobald er eingetreten war, sah der Mann zwei wunderschöne Frauen, in Gewänder aus reiner Seide gekleidet. Sie knieten sich vor ihn hin und reichten ihm einen prächtigen Königsmantel. Er schlug den Mantel um sich, und die dienenden Frauen führten ihn zu einem hohen Thron inmitten eines prunkvollen Saales. Bildhauereien schmückten die Wände, und Kristalleuchter hingen an der Decke. Überall knieten die Menschen und begrüßten ihn ehrfurchtsvoll. Der Mann setzte sich auf den Thron.

Eine goldene Krone wurde ihm gebracht, in ihr waren seine eigenen, feuerroten Rubine gefaßt. Ein Stern aus hellen Kristallen funkelte an der Vorderseite der Krone. Er setzte sie auf, und sie paßte wie angegossen.

Die Menschen jubelten und freuten sich. Doch gingen sie allmählich fort, einer nach dem anderen, auch die Dienerinnen, und der König saß allein auf seinem Thron. Nun füllte sich der Saal mit dunklen Schatten. Diese waren unheimlich und bedrohlich. Stille, klamme Angst erfüllte den König, und er zog den Mantel fester um sich.

Ein Schatten schlich bis vor den Thron, und eine tonlose Stimme sagte: »Du sollst zwei Rätsel lösen. Wenn dir das nicht gelingt, mußt du mit uns gehen!« Der Schatten grinste lautlos. »Das erste Rätsel lautete so: »Wo herrscht die Finsternis?« Der König wischte sich den Schweiß von der Stirn, weil die Antwort ihm nicht einfiel.

Dann stand er auf, legte Krone und Mantel ab und schritt in den Saal, auf die Schatten zu. Sie schreckten vor ihm zurück, aber er lief schnurstracks gerade auf sie zu, und als er zwischen den Gespenstern stand, drehte er sich um, zeigte auf den Thron, den Mantel und die Krone, und sprach: »Dort herrscht Finsternis!«

Erneut erhob sich ein Sturmwind, die Türen klapperten, die Schatten flohen, und es ward Licht.

Der Mann ging wieder auf den Thron zu, und setzte sich an dessen Fuß. Nun kam eine federleichte Gestalt in den Saal, und ein herrlicher Duft begleitete diese Erscheinung.

»Das zweite Rätsel«, flüsterte die Nebelgestalt: »Wo herrscht das Licht?«

Nun zögerte der Mann keinen Augenblick. Er stieg auf den Thron, nahm die goldene Krone mit den Rubinen und dem Stern und schleuderte sie mit voller Wucht auf die Lichtgestalt. Ein heller Schrei, ein zischendes Geräusch und schnell wie der Wind verschwand die Gestalt. Von der Krone blieb nichts übrig.

Der Mann machte sich auf die Suche nach dem kleinen Fuchs und fand ihn, in tiefen Schlaf gesunken, hinter dem Thron. Er weckte ihn, und zusammen verließen sie den Saal, den Thron und den Königsmantel.

Als sie wieder im Flur waren, gingen sie langsam weiter. Sie fühlten sich älter und müde, und dem Mann war klar, daß sie zehn lange Jahre verloren hatten. Sie näherten sich dem Ende des Flures. Dort gab es einen Weg nach draußen und einen Weg zu einer großen, schwarzen Tür. An der Tür hing ein Schild: »Wer hier hineingeht, verliert alle Jahre seines Lebens!«

Der Mann sah schon das Tageslicht am Ausgang schimmern, und er hörte, wie eine vertraute Stimme rief: »Goldglanz! Ich bin es, dein Bruder! Komm schnell zu mir, ich habe dich gesucht und gefunden, wir gehen jetzt nach Hause.« Der Mann lächelte traurig und schickte den kleinen Fuchs mit einem Abschiedsgruß fort.

Daraufhin drehte er sich um. Der alte Fuchs kam aber zurück, und da gingen sie zusammen durch die letzte Tür. Vor ihnen lag ein langer Weg, der zu einem Berggipfel führte. Seufzend und stöhnend machten sie sich auf. Die Beine des Mannes waren altersschwach, der kleine Fuchs war im Alter erblindet und mußte getragen werden. Immer höher schlängelte sich der Weg, an steilen Abgründen und tiefen Schluchten entlang.

Und es war dort still, so still, daß der Mann nicht bemerkte, daß seine Ohren sich verschlossen. Endlos lang war der Weg, und mehrmals fiel er vor Erschöpfung hin. Nach langen, langen Tagen und Nächten erreichten sie den Gipfel des Berges. Eine Stimme, die hell war wie Kristall, sang ihnen entgegen: »Knie nieder!«

Aber der Mann hörte nichts mehr. Der kleine Fuchs aber verstand die Worte und drückte mit seiner Nase den Mann in die Kniekehlen, bis er verwundert hinkniete.

»Schauet auf!« sang die Stimme wieder, und der kleine Fuchs schaute auf, aber sah nichts. Der Mann machte es ihm nach, und er sah einen blendendgoldenen Lichtblitz. Da wurde seine Seele weit, und er erzählte dem Fuchs von seinem Entzücken. So sah der Fuchs das Licht, trotz seiner blinden Augen.

Die Zeit hörte auf zu existieren, und sie waren vollkommen glücklich. Daraufhin ertönte ein neuer Gesang, und der Mann stand allein am Ende des Flures. Sein Fuchs war verschwunden. Er selbst war steinalt, taub und blind.

Aber von seinem Gesicht erstrahlte ein überirdischer Glanz, und er lief aus dem Flur hinaus, in den Wald hinein, zurück zu den Menschen. Sie erkannten ihn nicht wieder, aber ihr Herz wurde von einem großen Glück erfüllt, als sie ihn anschauten. Reichtum, der nie verloren geht, lag auf seinem Gesicht, und man kann annehmen, daß er den Schatz gefunden hatte, der tief im Wald verborgen lag.

Der Seemann

Es war einmal ein starker Seemann, er war fünfzig Jahre alt. Seine Haare waren grau, aber seine Kraft war ungebrochen. Viele Jahre hatte er die Weltenmeere erkundet. Er hatte Orkane mit Gewitter und Regen erlebt, Windstille und Hitze und viele heftige Windböen. Es waren ihm Seeräuber und Haie begegnet. Er hatte Schiffbrüche erlitten, er hatte Hunger und Durst erleiden müssen. All das, was einem Seemann widerfahren kann, hatte er durchlebt.

Er rauchte eine alte, braune Pfeife, die er bei schlechtem Wetter fest zwischen die Zähne klemmte. So, mit der Pfeife zwischen den Zähnen, kannten die Seeleute ihn. In vielen Häfen hatte sein Schiff am Kai gelegen; in allen Himmelsrichtungen, überall dort, wo es einen sicheren Hafen gab.

Dieser Seemann hegte einen Wunsch, der ihn von Tag zu Tag mehr quälte. Er hatte, obwohl er seit Jahren auf dem Wasser unterwegs war, noch nie das Wasserwesen gesehen. Und irgendwo, tief unten im Ozean, mußte dieses Wesen, das die Strömungen und die Stille des Meeres verursachte, doch hausen. Viele versicherten ihm, daß es ein solches Wesen nicht gäbe. Winde und Planeten, Sonne und Mond verursachten die Gezeiten und die Veränderungen des Meeres. Und mit diesen wechselnden Wind- und Wetterlagen mußte man einfach Glück haben.

Der Seemann biß dann auf seine Pfeife und beharrte darauf, daß es ein großes Wasserwesen gäbe. Und er fragte sich oft, wie er diesem Wesen begegnen könnte.

Schließlich kaufte der Seemann eine große, gläserne Glocke und ließ an dieser einen Boden anbringen. Oben an der Glocke saß ein Ring, und daran befestigte er eine Kette, die mit seinem Schiff verbunden war. So fuhr sein Schiff aus. Auf hoher See kroch der Seemann in die gläserne Glocke, und seine Matrosen hoben die Glocke über Bord. Die lange Kette entrollte sich, und die Glocke rutschte tiefer und tiefer. Der Seemann sah die Pracht der Unterwasserwelt und war tief beeindruckt. Als die Kette an ihrem Ende war, trieb er eine Weile herum, und danach zogen die Matrosen ihn wieder hoch.

Der Seemann hatte viel zu erzählen über die Schönheit, die er dort unten gesehen hatte, aber seine Sehnsucht nach dem Wasserwesen war nun größer denn je. Diese Sehnsucht peinigte ihn Tag und Nacht.

Aber die Kette der Glocke war nun mal nicht länger. Tiefer ging es nicht. Eines Tages gab er dann den Matrosen den Auftrag, die Glocke mit ihm drin ohne Kette über Bord zu werfen. So brennend war sein Verlangen, daß es stärker war als die Angst vor dem Tod.

Die Matrosen sahen mit Trauer im Herzen, wie die Glocke sank. Drei Tage würden sie warten, dann sollten sie weiterfahren.

Die Glocke sank. Fische, Pflanzen, verschiedene Meerestiere und Meereswesen, Wasserelfen und Meerestrolle schwebten an der Glocke vorbei. Das machte den Kapitän ganz duselig und schläferig, bis die Glocke plötzlich mit einem Ruck zum Stillstand kam: auf dem Gipfel eines Berges, der sich vom Meeresboden erhob.

Der Seemann sprang von links nach rechts, so daß die Glocke umkippte und hinunterrollte, vorbei an felsigen Wänden voller Moos und Meeresalgen.

Es wurde immer dunkler, und zuletzt konnte der Seemann nur noch mit einer Taschenlampe einen kleinen Lichtstrahl erzeugen. Wie durch ein Wunder war die Glocke heile geblieben.

Als die Taschenlampe ausgebrannt war, blieb ihm nichts mehr. Tiefe Finsternis, große Stille und Luftleere erfüllten nun seine Glocke. Der Seemann, der durch seine vielen Erlebnisse im Leben abgehärtet war, gab dem Druck zu sterben nicht nach. Unter Einsatz seiner letzten Kräfte hackte er das Glas der Glocke kaputt und tauchte in das dunkle Nichts ein.

Lange Zeit spürte er wirklich nichts, aber als er schon alle Hoffnung aufgegeben hatte, fühlte er weiche, warme Arme um sich herum. Die Arme trugen ihn, und er ließ sich mitnehmen. Lange, lange Zeit schwebte er so, bis ein dumpfer Schlag die Stille beendete. Es wurde Licht, und der Seemann stand vor zwei großen Türen, die gerade hinter ihm zugefallen waren. Er lebte noch! Das Rätsel von Luft und Wasser und Leben blieb ungelöst, aber viel Zeit, um sich über seine Rettung zu wundern, blieb ihm nicht. Er befand sich in einer riesigen Halle mit einer Kristalldecke, silbernen Wänden und einem Marmorboden. Prächtige Teppiche mit Abbildungen von Meerespflanzen und -tieren lagen und hingen überall. Und in der Mitte der mächtigen Halle stand ein solch liebliches Wesen, wie es noch nie ein Menschenauge erblickt hatte. Mann oder Frau? – Ein zartes, liebliches Antlitz, lange, wellige Haare, zahllose, zarte Arme, die hin- und herwogten, und ein unfaßbarer, durchsichtiger, leuchtender Körper voll Glanz und Schimmer.

Der Seemann begriff, daß diese Arme ihn gerettet hatten. Vorsichtig lief er weiter. Er sah, daß das große Wesen voller Licht und Leben war. Und er beobachtete, wie es zahllose Gestalten annahm, ohne feste Form zu bekommen oder Raum einzunehmen. Der Seemann spürte eine enorme Kraft und Wärme. Wellenförmig fluteten die Lebensströme durch ihn hindurch.

Daraufhin sprach das Wesen: »Hier ist das Wasserwesen. Du suchtest und hast gefunden. Hier lebe ich. In meinen Armen ruhen die Schiffe und die Menschen, die Pflanzen und die Tiere. Durch mich hindurch fluten die Gewässer, und ich umspüle die Küsten und ströme mit den Meeren an den Ländern der Menschen entlang. Du suchtest mich, Seemann, wußtest du, wer ich bin?«

Der Seemann antwortete nicht, aber schaute und schaute, bis er vollständig von dem Wasserwesen erfüllt war. Erst dann sprach er von seiner Sehnsucht und von seinem Wissen. Das liebliche Wesen hörte zärtlich und still zu.

Als er zu Ende gesprochen hatte, kam die Antwort wie ein Seufzen aus der Tiefe des Meeres. »Auch ich habe eine Sehnsucht, die mich quält«, sprach das Wasserwesen, »Obwohl ich sehr fruchtbar bin und voller Leben, und obwohl ich der Erde viel geben kann, werde ich von einer tiefen Sehnsucht nach meiner eigenen Frucht gepeinigt. Ich würde so gern selbst ein Kind gebären.«

Der Seemann gab keine Antwort, aber er lief auf die offenen Arme zu und vergaß Zeit und Raum. Er lebte, erfüllt von Liebe und Kraft. Irgendwann ließen die Arme ihn los, und er fiel in einen tiefen, tiefen Schlaf.

Als er aufwachte, befand er sich nicht mehr auf dem Meeresboden, sondern trieb auf dem Meer, getragen von kleinen, schnellen Wellen, die ihn zu seinem Schiff brachten. In seinen Armen trug er ein Kind, lieblich wie das Licht des Mondes und mit Äuglein wie Sterne.

Das Kind lachte, und als sie sich dem Schiff näherten, sahen die Matrosen die beiden. Sie hatten die Hoffnung, den Seemann je wiederzusehen, schon längst aufgegeben und waren schon viele Seemeilen von der Stelle, an der die gläserne Glocke ins Wasser gefallen war, entfernt.

Voller Freude hievten sie den Seemann an Bord, und alle bewunderten sie das Kind und dankten dem lieben Gott für das Wunder der Rettung und des neuen Lebens.

Der Seemann fuhr zu einem großen, verlassenen Land und zog dort das Kind groß. Er baute ein Haus mit hellen Fenstern, und immer lachte und sang das Kind, und viele Menschen und Tiere kamen dorthin, blieben und bevölkerten das Land.

Jeden Tag lief das Kind mit dem Seemann zum Strand, und zusammen streuten sie Blumen und Pflanzen ins Wasser.

Dann seufzte das Meer, und schrieb lebendige Antworten in den Sand.

Das Kind wuchs heran, und es wurde zum Mittelpunkt einer neuen Welt, in der der Tod und der Haß und die Kälte keine Nahrung fanden und mit leeren Händen wieder abziehen mußten. In dieser neuen Welt wurzelten Liebe und Kraft und Fruchtbarkeit.

Die einfältige Sara

Es gab einmal ein Dorf, wo viele einfache, gute Menschen lebten. Sie hatten ein schönes Kirchlein mit einem spitzen Turm gebaut. Dort konnten sie beten und mit ihren neugeborenen Kindern, ihren sich vermählenden Pärchen und ihren verstorbenen Geliebten zusammensein. Sie arbeiteten auf den Feldern rings um das Dorf und ernteten gutes Getreide und Gemüse. Sie lebten in Freundschaft miteinander und kümmerten sich um ihre Tiere, die ihnen bei der Arbeit halfen oder sie mit Milch und Eiern versorgten.

Am Rande dieses Dorfes lebte die einfältige Sara. Sie war niemandes Kind, Mutter oder Schwester und wohnte alleine in einem schlichten Hüttchen auf dem Feld. Sara hatte Augen, die alles sahen und doch nichts verstanden, Füße, die überall hinliefen und doch nirgendwo waren. Die Menschen waren nett zu ihr, und sie half ihnen bei der Arbeit, ohne daß sie ihnen eine wirkliche Hilfe war. Und so lebten die Leute gut und in Ruhe, und alles wäre so geblieben, wenn nicht der liebe Gott anders entschieden hätte.

Eines Tages sahen die Dorfbewohner auf den Hügeln im Osten das Gefunkel von silbernen Harnischen. Sonnenstrahlen spiegelten sich in den silbernen Heeresreihen. Die Menschen erschraken. Sie verriegelten ihre Häuser, ihre Tore, ihre Stallungen und verschlossen die Fenster. Sie versteckten sich und ihre Tiere, und es sah aus, als wäre das ganze Dorf ausgestorben.

Die einfältige Sara erschrak nicht vor den Harnischen. Ihre Augen schauten und waren auf einmal voller Wissen, und sie öffnete alle Fenster, die Tür und das Tor im Zaun ihres Gärtchens. Man hörte mächtiges Füßetrampeln, sah glänzendes Gefunkel und hörte einen jauchzenden, jubelnden und mächtigen Gesang. Als alles wieder ruhig wurde, kamen die Leute allmählich zum Vorschein. Sie fanden alles unverändert vor, und zögernd nahmen sie die Arbeit wieder auf.

Aber Sara hatte sich verändert. Ihre Augen sahen alles und verstanden jetzt. Saras Füße liefen, und wohin sie trat, veränderte sich alles unaufhörlich. Und Sara trug einen silbernen Waffenrock, der glänzte und funkelte im Sonnenlicht. Die Menschen liefen auf sie zu und konnten es nicht fassen. Sara ging in ihr Hüttchen hinein und nahm einen Lappen aus grobem Leinen. Sie schnitt ein Loch hinein und steckte den Kopf hindurch. Jetzt wurde der silberne Waffenrock von dem Tuch verdeckt. Die Leute folgten ihr, ohne es selbst zu wissen. Sara sammelte alle Körbe und füllte sie mit der guten Ernte der letzten sieben Jahren. Diese brachte sie schweigend zu einem großen Feld weit außerhalb des Dorfes. Dort riß die Erde auf, und ein schrecklicher, unterirdischer Drache stieg aus der Spalte empor. Er verschlang die gute Ernte der vergangenen sieben Jahren. Sie gefiel ihm besonders gut. Daraufhin verschlang er die Sara. Aber sie gef' ihm nicht, weil nichts in seinem Bauch gleichblieb. Er Rauch und Feuer, schlug mit seinem gewaltigen Sc} hin und her, aber es half ihm nicht. Da verzog er s' der in seine Spalte und suchte in der Dunkelhei' nach Ruhe.

Aber Saras silberner Waffenrock strahlte d' chenhaut hindurch, und ihre Füße traten de so lange, bis er sie endlich erbrach. A' ihm nicht. Alles änderte sich weiterh' die tiefen Erdklüfte lief, wo kein Λ' traut hatte. Und wohin sie trat, } Erde freute sich über so viel Lic} Urtiefen fing die älteste Erder zu brodeln, auf der Suche n' me. Der Drache, dem es uralte Quelle zu versieg'

226

Sara ließ sich mitnehmen und auf den reichen Wellen an die Oberfläche tragen. Der Strom war so mächtig und so voll von heilendem Wasser, daß Menschen und Tiere an seine Ufer kamen, um hier zu leben.

In ihren Träumen sahen die Menschen oft die einfältige Sara zwischen zahlreichen, silbernen Kämpfern auf sich zukommen. Sie verloren ihre Angst und befruchteten ihre Äcker mit dem lebendigen Wasser und warteten, bis auch sie durch ihre offene Tür den Ruf vernehmen würden …

In dieser Zeit waren ihre Augen so, daß sie viel sahen, aber wenig verstanden, daß ihre Füße lange Wege zurücklegten, doch kaum vorankamen, aber sie waren voller Hoffnung, weil sie wußten, daß nichts gleichbleiben würde.

Literaturempfehlungen

Ende, Michael: *Momo*, Stuttgart 1973

Ende, Michael: *Die unendliche Geschichte*, Stuttgart 1979

Geiger, Rudolf: *Märchenkunde*, Mensch und Schicksal im Spiegel der Grimmschen Märchen, Stuttgart 1982

Hitsch, Ch.; Matthiessen, J.; Richter, T.: *Die Kunst als Quelle der Pädagogik*, Annäherungen an ein Erziehungsideal, Ein Gespräch, Stuttgart 1995

Köhler, Henning: *Von ängstlichen, traurigen und unruhigen Kindern*, Grundlagen einer spirituellen Erziehungspraxis, Stuttgart 1994

Koepke, Hermann: *Das neunte Lebensjahr*, Seine Bedeutung in der Entwicklung des Kindes, Dornach 1983

Koepke, Hermann: *Das zwölfte Lebensjahr*, Eintritt in die Pubertät, Dornach 1989

Mees-Christeller, Eva: *Kunsttherapie in der Praxis*, 2. Aufl., Suttgart 1995

Meyer, Rudolf: *Die Weisheit der deutschen Volksmärchen*, 8. Aufl., Stuttgart 1981

Sleigh, Julian: *Freiheit erproben*, Das dreizehnte bis neunzehnte Lebensjahr, Verständnishilfen für Eltern, 2. Aufl., Stuttgart 1993

Staley, Betty: *Überleben zwischen Anpassung und Freiheit*, hrsg. v. H.-J. Mattke, Stuttgart 1995

Steiner, Rudolf *Die geistig-seelischen Grundkräfte der Erziehungskunst*, Spirituelle Werte in Erziehung und sozialem Leben, GA 305, 3. Aufl., Dornach 1991

Voorhoeve, Bert: *Bilder als Quelle innerer Kraft*, Phantasietraining durch Bildarbeit, Stuttgart 1995

Whitmore, Diana: *Kreativitätsspiele mit Kindern*, München 1988

Betty Staley

Pubertät

Überleben zwischen Anpassung und Freiheit
Herausgegeben von Hans-Joachim Mattke
Aus dem Amerikanischen von
Astrid von dem Borne und Julian Herrmann
320 Seiten, kartoniert

Pubertät und Jugendalter sind Entwicklungsphasen, die das gesamte weitere Leben entscheidend beeinflussen. Jetzt werden Weichen gestellt oder Entfaltungsmöglichkeiten verbaut, die freie Persönlichkeit entwickelt oder Anpassung und Resignation veranlagt. Insofern wird das gesunde Durchlaufen dieser Lebensphase zu einer Frage des seelischen, aber nicht selten auch des physischen Überlebens.

Aus dem Inhalt:
Stadien des Jugendalters / Darstellung der Temperamente / Die Entwicklung des Charakters
Die Herausforderungen im Jugendalter:
Der Jugendliche und die Familie / Der Freundeskreis / Machtkampf und Loyalität / Die Rolle der Liebe
Probleme des Jugendalters:
Früh-Schwangerschaft / Alkohol / Drogen / Ernährungsfragen / Extremes Verhalten
Fragen für Eltern zum eigenen Umgang mit Jugendlichen

Urachhaus

Michaela Glöckler

Elternsprechstunde

Erziehung aus Verantwortung
464 Seiten, gebunden

Dieses Buch ist ein vielseitiger pädagogischer Ratgeber,
der sowohl auf Alltagssorgen eingeht als auch große
Zusammenhänge darlegt, die ein Verständnis für das Einmalige einer jeden Biographie vermitteln. Dabei werden
Themen aus dem Alltagsgeschehen ebenso behandelt wie
Fragen nach den spirituellen Hintergründen der Phäno-
mene: Welchen Sinn hat das Böse für die Entwicklung?
Was gewinnen Medizin und Pädagogik durch Einbezie-
hung der Wiederverkörperungsidee? Wie sind Leib, Seele
und Geist in Gesundheit und Krankheit verbunden? Zum
Verständnis geistiger Behinderungen. Angst und Aggressi-
vität. Der Vater in der Erziehung. Die alleinerziehende/
berufstätige Mutter. Strafe, Belohnung, Gewissen. Alters-
entsprechendes Lernen. Und über allem: Erziehung zur
Liebefähigkeit.

»Michaela Glöcker richtet ihren Blick auf das Wesentliche.
Sie spricht unmittelbar den sich selbst bestimmenden und
verantwortenden Menschen an. Sie tut das auf wohltuend
nüchterne und freilassende Weise.«

Info 3

Urachhaus

Michaela Glöckler

Elternfragen heute

Erziehung aus Verantwortung
464 Seiten, gebunden

Dieses Buch von Michaela Glöckler schließt an ihre erfolgreiche »Elternsprechstunde« an. Auch dieser Band ist entstanden aus regelmäßigen »Elternabenden«, deren Themen von den Eltern aus ihren konkreten Fragen heraus gestellt wurden und die über den Erziehungsalltag hinaus auch vielerlei Zeitprobleme und -phänomene einschließen. Dabei werden nicht nur lebensnahe Beispiele aus dem täglichen Leben gebracht, sondern auch das Dargestellte vertieft durch Hinweise auf menschenkundliche oder geisteswissenschaftliche Gesichtspunkte. Gleichzeitig werden Hilfen zur Selbsterziehung des Erziehers aufgezeigt, ohne die »Erziehung aus Verantwortung« kaum möglich ist.

AUS DEM INHALT:
Erziehung zur Freiheit im Kindes-, Jugend- und Erwachsenenalter / Tod und bedrohliche Krankheit. Wie sprechen wir darüber mit Kindern? / Sinneserfahrung und Sinnespflege im Kindesalter / Gefühl und Emotionen. Wie wirken sie in Erziehung und Selbsterziehung? / Freiheit in der Erziehung. Wie gehen Kinder, Mutter und Vater damit um? / Unser inneres und äußeres Verhalten. Welchen Einfluß hat es auf die Entwicklung der Kinder? / Identifikation als Problem der Erwartungen und Ansprüche / Heilende und zerstörende Kräfte des Denkens / Drogensucht. Vorbeugen – Verstehen – Behandeln / Vom Umgang mit der Sexualität / Temperamentsbehandlung

Urachhaus